乡贤文化丛书

乡贤文化丛书

巾帼英雄，天下为公
——女中乡贤刘青霞

卫绍生 廉朴 主编

赵凤玲 著

中原出版传媒集团
中原传媒股份公司

大象出版社
·郑州·

图书在版编目（CIP）数据

巾帼英雄，天下为公：女中乡贤刘青霞 / 赵凤玲著.— 郑州：大象出版社，2018.8
（乡贤文化丛书 / 卫绍生，廉朴主编. 第一辑）
ISBN 978-7-5347-9690-6

Ⅰ.①巾… Ⅱ.①赵… Ⅲ.①刘青霞（1877-1923）—生平事迹 Ⅳ.①K827=52

中国版本图书馆 CIP 数据核字（2018）第 017903 号

乡贤文化丛书
卫绍生　廉朴　主编
JINGUO YINGXIONG, TIANXIA-WEIGONG

巾帼英雄，天下为公
——女中乡贤刘青霞

赵凤玲　著

出 版 人	王刘纯
总 策 划	郑强胜
责任编辑	梁金蓝
责任校对	裴红燕
装帧设计	王莉娟

出版发行	大象出版社（郑州市开元路 16 号　邮政编码 450044）
	发行科　0371-63863551　总编室　0371-65597936
网　　址	www.daxiang.cn
印　　刷	洛阳和众印刷有限公司
经　　销	各地新华书店经销
开　　本	787mm×1092mm　　1/16
印　　张	11.75
字　　数	142 千字
版　　次	2018 年 8 月第 1 版　2018 年 8 月第 1 次印刷
定　　价	29.00 元

若发现印、装质量问题，影响阅读，请与承印厂联系调换。
印厂地址　洛阳市高新区丰华路三号
邮政编码　471003　　电话　0379-64606268

总序

"乡贤",这一古老的称呼已经淡出人们的视野很久了。

党的十八大以来,乡贤重新进入人们的视野,成为人们热议的话题。中共中央、国务院2015年颁布的《关于加大改革创新力度加快农业现代化建设的若干意见》中明确指出,要"创新乡贤文化,弘扬善行义举,以乡情乡愁为纽带吸引和凝聚各方人士支持家乡建设,传承乡村文明"。在中共中央、国务院的文件里提到乡贤和乡贤文化,这应该是首次,它表明作为中国优秀传统文化重要组成部分的乡贤文化,既是传承乡村文明的重要内容,也是新时期农村文化建设的重要内容。但是,由于乡贤和乡贤文化淡出人们视线已久,在这一概念重新被提出来的时候,许多人并不明白什么是乡贤,什么是乡贤文化,更不知道如何传承和弘扬乡贤文化。鉴于此,有必要对乡贤称谓、乡贤之说的起源、乡贤对中国乡村的作用与意义、乡贤文化包含哪些内容等,作简要回答。

何谓乡贤?按照通常的解释,乡贤是指那些道德品行高尚同时又对乡村建设有过贡献的人。这里包含两个层面的意思:一是道德品行高尚,二是对家乡建设作出过贡献。但如果仅仅是道德品行高尚,满足于个人修身齐家、独善己身、洁身自好,很少关心乡里乡亲,很少对乡梓作出过贡献,那么,这样的人只能称为乡隐,而不能称为乡贤。乡贤既应是道德为人敬仰、行为堪称模范的人,更应是为家乡作出过一定贡献的人。不论是教书育人、传承文化、制定乡约、调解邻里矛盾，还是乐善好施、修桥铺路、接济乡人，举凡一切有益于乡里乡亲的事情，他们总是满腔热情，乐做善为。对乡村建设的贡献，是乡贤的必备条件。如果对家乡父老没有什么贡献可言，何以成为乡贤？看一看汉魏六朝出现的一些记述各地乡贤的著作，如《汝南先贤传》《陈留耆旧传》《襄阳耆旧记》《鲁国先贤传》《楚国先贤传》等，其中记载的各地乡贤，不仅在道德、学问、修养、名望等方面为人称颂，成为时人敬仰的楷模，而且都是对家乡作出过贡献的人。他们能入各种乡贤传，绝非浪得虚名。

　　乡贤之说起源于何时？乡贤很早就存在于中国的乡村，但乡贤之说却是在东汉中后期才逐渐流行起来的。东汉中后期，随着一些世家大族的崛起，各个郡国都热衷于撰写乡贤传记，表彰那些曾经为当地经济、社会、文化发展作出过贡献的贤人雅士。东汉以后，世家大族成为维持中国乡村社会稳定的重要力量，涌现出许多被后人称为乡贤的人物，他们对当时的社会，乃至对中国历史文化都产生了重要影响。作为乡村精英的乡贤，在乡村治理、乡村教育等方面可补政府治理之不足，发挥了政府无法起到的重要作用。一些人看到了乡贤对社会发展的积极作用，把所属郡国那些有影响的人物事迹记录下来，于是出现了所谓的"郡书"。唐代史学家刘知幾在谈到这类著作时说："郡书者，矜其乡贤，美其邦族，施于本国，颇得流行；置于他方，罕闻爱异。其有如常璩之详审，刘昞之该博，而能传诸不朽、见美来裔者，盖无几焉。"（刘知幾：《史通》卷十《内篇·杂述》）刘知幾是较早关注到乡贤类著作的史学家，他认为，乡贤类著作都是"矜其乡贤，美其邦族"，因而在当地比较流行，而到了其他地方，知道的人就很少了。在谈到东汉史书繁盛的原因时，刘知幾再次提到了乡贤："降及东京，作者弥众。至如名邦大都，地富才良，高门甲族，代多髦俊。邑老乡贤，竞为别录。家牒宗谱，各成私传。于是笔削所采，闻见益多。此中兴之史，所以又广于《前汉》也。"（刘知幾：《史通》卷九《内篇·烦省》）刘知幾虽然没有对乡贤作出解释，但他把"邑老乡贤"与"高门甲族"相提并论，表明他已经把"邑老乡贤"与"高门甲族"放在同一个层级上，充分肯定了"邑老乡贤"的历史地位与作用。

乡贤对中国乡村有怎样的作用与意义呢？乡贤在乡村建设中的作用是多方面的。他们不仅热衷于乡村治理和乡村教育，而且乐善好施、造福乡里。乡贤一般都是受过良好教育的人，他们是乡里有知识、有影响的人物，经济实力往往要比一般村民好一些。他们有能力也有意愿造福桑梓，所以常常在乡村建设上主动作为，只要是力所能及，他们一般不会推辞。在乡村治理方面，乡贤往往身兼管理者、参与者、协调者等多重角色，必要的时候，他们也可以发挥上情下达或下情上传的作用，成为联系乡亲和政府的桥梁与纽带。在调解邻里冲突和乡人矛盾上，他们不会以势压人，而是以理服人，注重多方协调和沟通，注重平衡各方利益。所以，在乡村治理方面，乡贤是农耕文明时期中国乡村社会稳定的重要因素。

在乡村教育方面，乡贤的作用更是不可小觑。乡贤大多是饱读诗书之人，他们深知文化知识对于人们的生存、生活、成长和发展至关重要，所以他们非常重视教育，尤其重视启蒙教育和家庭教育。他们中的许多人自觉地担负起教育自家子弟和乡里子弟的重任，有不少人开私塾，并兼任私塾先生。虽然有的人也接受一些"束脩"，但总体来说，义务教书的情况较为常见。他们是乡村的"先生"，是传授文化知识的人，是教人向善的人。在善行义举方面，乡贤更是乐善好施的代名词。他们愿意帮助别人，勇于助困济人，乐于接济生活困难的乡亲。如东汉末年颍川郡著名乡贤陈寔，道德高尚，知书达理，处事公正，待人公平，为乡里所推重。乡里发生了纠纷，人们不去求官府，而是去找陈寔，请求他明断是非。只要是陈寔评的理、判的是非曲直，人们都欣然接受，没有什么怨言，以至于乡人都说："宁为刑罚所加，不为陈君所短。"陈寔还乐善好施，遇上灾年的时候，乡亲们缺吃少穿，他就接济他们。大灾之年，陈寔的善举不仅挽救了那些一时糊涂的人，而且教化了乡党，纯洁了世风。当然，更多的乡贤是靠他们的智慧和财富造福乡里，为乡亲做好事，譬如常见的修桥铺路、接济穷困等助人为乐之事。在乡村治理结构尚不完备的中国传统社会，乡贤在文化教育、乡村治理、乡村建设等方面，都起到了政府所起不到的作用。他们是中国传统乡村超稳定结构的基石，也是推动乡村发展的动力。

对于乡贤，我们应该历史地来看，既要看到他们在乡村文化教育、乡村治理、乡村建设等方面的积极作用，也要看到他们对中国传统乡村超稳定结构的固化作用。乡村是农业社会的基础，也是各级政权的基础。但是，在中国传统社会，权力不下郡县，县级政权成为封建社会的基层政权，县令或县长通常都是七品官甚至是从七品官，县丞、县尉的级别就更低了。国家行政机构设置到县级，县以下是乡和里。乡和里的治理则借重民间力量，乡长和里长大多是由当地德高望重的长者或望族的族长担任，他们没有官位，不吃皇粮，不领俸禄，只是负责维持当地的秩序，帮助地方政府做一些诸如征收税赋、摊派徭役、管理户籍、教化民众之类的事情。但在乡村治理及文化教育等方面，乡长、里长则常常要借重乡贤的力量，因为乡贤有文化、有见识、有影响力，甚至还有财力。当乡贤与乡里管理者相向而行、勠力同心的时候，乡里就会稳定，乡村治理就比较顺畅。这个时候，乡贤的作用就得到了充分发挥。乡贤在某种意义上成了乡村治理的标杆，成为乡人敬仰和追慕的对象。但是，由于乡贤所受的教育不同，他们的理想、信念、追求也各有差异，因此，他们中的许多人不愿意与当权者同流合污，更看不惯权豪势要欺辱压榨百姓，往往是特立独行者和孤独求道者，但他们依然坚持用自己的方式服务乡里，造福百姓。如许劭主持汝南"月旦评"，大力奖掖和提携汝南才俊，评点天下名士，成为汉末继郭泰之后的清议领袖。他不应朝廷征辟，谢绝高官厚禄，以"局外人"的身份品评人物，客观公正，令人信服。又如吃尽文盲苦头的武训，穷且益坚，不坠青云之志，行乞办学，创办崇贤义塾，让那些读不起书的孩子进学堂读书，更让人肃然起敬。再如晚清职业慈善家余治，一生清贫，却四处呐喊，奔走于大江南北，劝人行善，宣传忠孝节义，成立各种慈善机构，移风易俗，救济孤贫，而且创立戏班，编写剧本，以戏曲劝善，被人誉为"江南大善人"。他们以各自的方式感染着世人，固化着中国乡村的超稳定结构，使中国乡村这个自秦汉以来政府行政权力鞭长莫及之地，成为乡绅乡贤的表演舞台。在当代作家陈忠实的长篇小说《白鹿原》中，从白嘉轩、鹿子霖和冷先生等人物身上，读者依稀看到了久违的乡贤形象，所以有评论者指出，《白鹿原》就是在寻找失去的乡贤。这样的评论虽然不无偏颇，却也道出了小说的文化追求。

乡贤是乡贤文化的创造者和实践者，从他们身上，人们可以看到传统乡贤文化在乡村建设、乡村治理、文化教育、乡土认同等方面发挥的重要作用。所以，从中国古代一直到近现代，许多乡村都建有乡贤祠，用以供奉和祭奠那些为乡村建设作出贡献的乡贤们，展示各地不同的乡贤文化。

乡贤文化是由乡贤及其乡人共同创造的，是中华优秀传统文化的重要组成部分。它作为一种文化形态，对中国古代的乡村治理，对家国文化的认同，对乡村社会的维系，对农业文明的传承，对宗族文化的延续，对乡村文明的弘扬，都具有重要的文化价值。在传承发展中华优秀传统文化的当下，创新乡贤文化，就应在进一步明确乡贤文化的历史文化价值与当代意义的前提下，深入发掘乡贤文化的内在价值和积极作用。具体来讲，就是要注重发掘乡贤文化对家国认同、乡村治理、乡村教育、乡村建设、乡村文明传承等方面的深层文化内涵，通过一个个乡贤人物，阐释乡贤文化的重要价值，梳理乡贤文化的积极意义，探索乡贤文化的传承创新路径。譬如家国认同，首先是基于对家族和家乡的认同。乡贤作为当地的贤者，不仅具有很强的凝聚力，而且还常常让乡党引以为豪，人们不论处于多么遥远的地方，只要说起共有的乡贤，就会立即引起强烈的共鸣，自然而然地拉近了人们之间的情感距离，从而形成对家族和家乡的认同。从这个意义上说，乡贤是家乡认同的标志性人物，也是促进家国认同的情感纽带。

乡贤文化对传承发展乡村文明，对当代乡村文化建设，对提升文化自觉、树立文化自信，对实现中华民族伟大复兴的中国梦，都具有积极意义。在大力弘扬传承发展中华优秀传统文化的当下，挖掘乡贤文化的丰富内涵，梳理乡贤文化的历史脉络，发掘乡贤文化的价值意义，进而创新乡贤文化，建设新乡贤文化，是传承发展中华优秀传统文化的内在要求，是提升文化自觉、树立文化自信的内在要求，也是实现中华民族伟大复兴的中国梦的内在要求。

为此，我们组织编纂了这套"乡贤文化丛书"，把自东汉以来的历代乡贤进行梳理，系统展示乡贤、乡贤文化的历史风貌和文化价值，以期让广大读者对优秀传统文化中的乡贤和乡贤文化有更多的了解，对乡贤文化的历史作用和当代价值有更多的认知，共同为创新乡贤文化、建设新乡贤文化作出应有的贡献。

"乡贤文化丛书"第一辑，我们精选了10位在中国历史上有一定影响的各地乡贤，他们不论在教书育人、修身齐家，还是在乡村治理、乡村建设、慈善赈济等方面均作出了一定贡献，成为人们传颂的典范楷模。在本辑编写过程中，每位作者均对自己承担的人物有一定研究，但因作者较多，行文风格各异，难免会出现一些不尽如人意之处，不妥之处，尚祈读者批评。

卫绍生　廉朴
2018年5月20日

小　引

1912年，一名河南女子两次面见孙中山，表示要将全部家产捐献给国家。孙中山为之动容，亲笔为她题写"天下为公"和"巾帼英雄"匾额。这名女子不是别人，正是辛亥女杰——刘青霞，她的功绩时至今日仍为人们所传颂，民间有"南秋瑾，北青霞"之说。

———— ❀ ————

刘青霞，原名马青霞，河南安阳西蒋村人。17岁嫁入"河南首富"尉氏刘家，24岁守寡，独自撑起刘家的庞大产业，兴慈善，办义学，留学东洋，参加同盟会，举办女学教育，热心新学教育，资助辛亥革命，捐家产助国家……

———— ❀ ————

刘青霞是一个奇女子，更是河南乡贤群像中的佼佼者，她的事迹，她对家乡的热情，一直被家乡人民所传颂。

目　录

马氏庄园的主人们 ………………………………… 001
 一、洪洞移民的后代 ………………………………… 002
 二、"百官楷模" ……………………………………… 005
 三、马氏家风 ………………………………………… 013
 四、马氏风华 ………………………………………… 024

宦门千金 …………………………………………… 032
 一、庄园生活 ………………………………………… 032
 二、家风熏陶 ………………………………………… 034
 三、深居豪宅慕自由 ………………………………… 036

嫁入豪门 …………………………………………… 038
 一、窈窕淑女待闺阁 ………………………………… 038
 二、嫁入刘家 ………………………………………… 040
 三、七年之痒 ………………………………………… 044
 四、豪门生变 ………………………………………… 046

泛爱乐善 …………………………………………… 051
 一、"有盈无绌"显才能 …………………………… 051
 二、建义庄，周济族人 ……………………………… 054

三、乐善好施 ·· 056

捐资豫学堂 ·· 060
　　一、废科举，兴新学 ······································· 060
　　二、捐银助办豫学堂 ······································· 062
　　三、心系豫学堂 ··· 065

清帝封赠 ·· 070
　　一、诰封"一品诰命夫人" ······························· 071
　　二、获赐"乐善好施"匾额 ······························· 073

东渡日本谱新章 ·· 075
　　一、晚清掀起的留学狂潮 ································· 075
　　二、游学东瀛 ·· 083
　　三、参加同盟会 ··· 085
　　四、捐助《河南》 ·· 090
　　五、资助《中国新女界杂志》 ·························· 097

慷慨创建新学堂 ·· 100
　　一、创办新学堂 ··· 100
　　二、创办刘氏代用完全小学校 ························· 102
　　三、创办乙种蚕桑学校 ·································· 103
　　四、华英女校的创办 ······································ 104
　　五、捐助中州公学、中州女学堂 ····················· 108
　　六、倾心女子教育 ··· 110

辛亥女杰垂青史 ········· 112
一、资助大河书社 ········· 112
二、支持辛亥志士张钟端 ········· 114
三、支持河南辛亥革命 ········· 118

呐喊奔走争女权 ········· 121
一、勇挑"神州女子共和协济社"重担 ········· 121
二、勇担"北京女子参政同盟会"会长 ········· 124

为国家舍小家 ········· 127
一、出任河南国民捐总理 ········· 127
二、"裸捐"第一人 ········· 130
三、创办公益企业 ········· 134
四、捐助难民收养所 ········· 136

生命悲歌 ········· 138
一、日渐沉沦的刘氏家族 ········· 138
二、刘氏族人的强取豪夺 ········· 140
三、《豫人刘马青霞披露》 ········· 142
四、对簿公堂伸正义 ········· 146

春蚕丝尽 ········· 149
一、母子反目 ········· 149
二、继子风波 ········· 153
三、生命陨落 ········· 156

踏寻女杰足迹 ·················· 161

    一、马氏庄园 ················ 161

    二、尉氏县 ·················· 161

    三、开封 ···················· 162

    四、北京 ···················· 164

    五、南京 ···················· 164

附录：刘青霞大事记 ·············· 165

参考文献 ······················ 169

马氏庄园的主人们

马氏庄园，坐落在河南省安阳市西蒋村。这是一座典型的晚清官僚宅邸，是晚清头品顶戴、两广巡抚马丕瑶的府第。

漫步马氏庄园，你会被深深震撼。俯瞰整个庄园，布局严谨，错落有致，古朴典雅，雄浑庄重，既有北京四合院宽敞明亮的建筑风格，又有晋商大院深邃富丽的建筑艺术，还有中原特有的蓝砖灰瓦、五脊六兽挂走廊的建筑特色。在建筑学家的眼中，它是"中州大地绝无仅有的封建官僚府第建筑标本"，是"中原第一官宅"。

马氏庄园占地面积20000多平方米，其中建筑面积5000多平方米，分北、中、南三区六路，每路分四个庭院，九道大门，俗称"九门相照"。整个庄园从光绪六年（1880年）一直到民国13年（1924年），建筑时间有40余年。

马氏庄园大门

马氏庄园完全是依照《大清律例》《清会典》中的有关官员等级的规定而建，没有任何的越矩和犯规之嫌，这也从一个方面说明了马丕瑶是一个恪守规矩的官员。

马氏庄园的辉煌，不仅在于它是"中原第一官宅"，而且还在于这座庄园是近代中国历史的缩影，许多近代史上著名的事件、人物都与这座庄园有着千丝万缕的联系。历史的烟云过后，我们已经很难从这座大气的官宅中再现那段历史，但一座座院落、一副副对联、一个个牌匾，似乎都在向人们述说着那段难忘的历史。

马氏庄园的迷人之处，还在于那些建筑这座大院的主人以及生活在这座大院的历史人物。

其实，我们随手翻阅一下历史，就会发现在这座庄园里，庄园的主人们都有着不同的人生故事，他们的故事是那段历史的剪影，映照出封建大家族在封建末世的蜕变，也折射出封建大家族在现代中国不可避免地走向衰败的历史。

一、洪洞移民的后代

安阳西蒋村马氏庄园因马丕瑶而得名，马丕瑶在晚清的政治舞台上占有一定的地位，进士出身，曾官居广西、广东巡抚，因其政绩颇佳，被光绪帝赐匾"百官楷模"。可以说，马氏庄园的首任主人是马丕瑶，之后是他的子女们。

马丕瑶生在西蒋村，这里是他的家乡，是他出生的地方，也是马家繁衍生息的地方。

西蒋村马氏，是一个典型的移民家族。这个移民家族又是和明初"洪洞大移民"有着直接的关系。查有关安阳马氏族谱以及有关学者的研究，这个说法并不是空穴来风，是有真实的历史记载的。

西蒋村马氏，其先祖来自明初的洪洞移民。关于洪洞移民，这几乎成为全国很多地方家族记忆里最难以忘却的内容，很多家族可能不记得家在山西哪个村，但都有一个家族记忆的标志性符号，那就是洪洞大槐树，是在洪洞大槐树集合，从洪洞大槐树开始离开故土，迁徙远方。当移民到达一个地方，并在那儿定居，他就是那个地方的某姓的始迁祖，但故土难忘，他会对自己的后代一遍遍讲，我们的老家在洪洞，我们是从洪洞来的。

安阳，古称河内，这里土地肥沃，人杰地灵，是古代帝王建都的理想之地。从古文献中我们得知，上古时期的颛顼、帝喾就在这里建都，死后也葬在这里，安阳内黄的"二帝陵"至今犹存。盘庚迁殷，商朝在此建都273年，并创造了灿烂的殷墟文化：甲骨文的发现，揭开了中国文字的神秘面纱；1939年出土的司母戊大方鼎，更是殷周时期青铜文化的代表作，作为国宝陈列于中国国家博物馆……

在很长一段时间，安阳一带一直被称为"天下之中"，不论是战国时期的魏国，还是三国时期的曹魏，都曾在这里立都。一代人杰曹操死后还葬在这里，前几年曹操墓的发现，轰动一时。当历史的车轮进入20世纪，一代枭雄袁世凯，推翻了封建帝制清王朝，建立民国，并当选为中华民国大总统，却因心怀帝王梦想，企图恢复帝制，83天洪宪王朝很快消失，但袁世凯还是看中了安阳这块宝地，死后葬在安阳。今天在安阳，袁世凯墓园规模宏大，形制仿明清帝陵，安阳人称其为"袁陵"。袁世凯为何选中安阳，在临死之际还一再嘱咐家人"扶柩回籍，葬吾洹上"？很显然，袁世凯把安阳作为他生命的归宿地。也难怪，当年清政府免去他的兵权，他就居住在安阳。在他看来，安阳是古代帝王发迹之地，把这里作为故乡，会给他带来帝气，他也会像古代帝王一样从此飞黄腾达。

这样一块人杰地灵的地方，何以在元朝末年出现人口凋零、土地荒芜的景况，还要从其他地方移民来此？从史书上我们可以看到这样的记载，元朝末年，在中原一带，原本人口稠密、经济繁荣，由于连年水旱灾害，加之元朝暴政引起的农民起义，这里人口锐减，或死于战乱，或举家迁徙，"兵革连年，道路皆榛塞，人烟断绝"[①]。加之这里又是元军和农民起义军的主战场，你来我往，倒霉的都是老百姓。曾经繁庶的中原大地，"兵燹河南，赤地千里"[②]，到了"春泥归来无栖处，赤地千里少人烟"的地步。

明朝建立后，面对这样的情景，从洪武六年（1373年）到永乐十五年（1417年）进行了十多次的移民。这些移民，基本上都是从山西迁出的。因为洪洞大槐树是很多移民即将迁徙时的集中地，故在移民的脑海中故乡的模样已经模糊不清，只记得洪洞那棵大槐树。洪洞大槐树成为移民家乡记忆的符号，也成为日后移民后代团聚时的信物。不过一些历史学家已经注意到，明初移民，虽主要从山西迁出，但不仅仅局限在洪洞，包括现在的晋中、晋南、吕梁和晋东南等地区的人口。

在明初移民中，有一部分人迁移到安阳，其中也就有我们在本书中所要提到的西蒋村马丕瑶的祖先。从明初到晚清，马氏在西蒋村至少生活了五六百年，在这几百年中，由于史料缺乏，我们还没有发现马氏曾出现什么大人物，像很多移民那样，只是一个很普通的耕读人家。关于这一点，马氏庄园的第二代主人、马丕瑶的次子马吉樟曾经说过："马氏自洪洞迁安阳五六百年……公起家牧令，内无奥援，外无密交，惟以廉直忠勤，劳心民事。"[③] 由此可见，安阳马氏在这五六百年间，没有出过官宦，自然也就不能成为达官望族，他们属于

---

① 《明太祖实录》卷二十九。

② 温县牛洼村《牛氏族谱》。

③ 马吉樟：《诰封一品夫人李夫人墓志铭》，沈云龙：《近代中国史料丛刊》，文海出版社，1966年。

生活在底层的普通人家,最多也就是衣食无忧,在乡村恐怕连一般的小地主都算不上。

二、"百官楷模"

将安阳马氏扬名天下的是马丕瑶。

马丕瑶,生于道光十一年(1831年)正月初四。当时马家的家境并不富裕,最多也就算是能自给自足的乡村小户。为何这般说辞?因为如果是乡村极为贫寒的人家,根本供养不起子女读书,即便再有心思,也无此能力。从马丕瑶后来的发展来看,他从小受到过一定的教育,否则无法考中进士,也就没有马家以后的发展。

在清代,乡村孩子受教育基本上还是私塾。马丕瑶少年时期在私塾系统学习了《三字经》《百家姓》《千字文》等蒙童读物,年龄稍长以后,开始学习"四书""五经"等儒家经典,并研习科考八股文。研习这些典籍,没有饱读诗书、对儒家文化有深入研究的硕儒加以指导肯定不行,在有关记载中,出现了一位硕儒,他就是离西蒋村不远的麻水村的郑席珍。郑席珍曾是一位举人,在当地很有影响。

咸丰八年(1858年),27岁的马丕瑶经过多年努力,考中举人。这在当地是一件了不起的大事件,尤其对于马家来说,更是一个数百年来难得的荣耀。

同治元年(1862年),马丕瑶参加会试,一举考中,成为进士。当马丕瑶考中进士的喜讯传到安阳、传到西蒋村时,安阳沸腾了,西蒋村沸腾了。

考中进士,对马丕瑶来说,是人生的一个转折点,更是他步入清代政坛的起点,也是马氏庄园开始进入规划、筹建的起点。马氏家族命运的改变,全因马丕瑶进士高第。在封建时代,出身固然重要,但对贫寒的人来说，科举考试是唯一能改变个人甚至家族命运的通道。

初入仕途的马丕瑶，从政的第一站在山西。从同治五年（1866年）六月到光绪十二年（1886年）二月，马丕瑶的政治履历一直在山西各地，为自己赢得政治清誉也是在山西。没有山西20多年的政治历练，也就不可能有御赐"百官楷模"匾。

"百官楷模"匾

从其履历我们发现，1862年中进士，怎么到了1866年才授山西平陆知县，中间这4年干了什么？其实这四年马丕瑶是进士候补。马丕瑶考中进士后，获得了候补知县的身份，被派往山西等待，只有哪个县有知县空缺，他才能替补。到太原后，时任山西巡抚的郑敦谨发现他是一个人才，"一见器之，辟置幕府"①，也就是说，马丕瑶在山西巡抚的府衙中做了四年谋士。

同治五年初夏，机会来了，山西平陆县知县位缺，同治皇帝就派马丕瑶做平陆县知县。在平陆做了两年知县，同治七年（1868年），他又被调到山西永济县做知县。

---

① 《马中丞遗集》，文海出版社，1982年。

在平陆、永济这几年，马丕瑶主政一方，颇有声誉。史书记载，在平陆为官时，居所不设"方幅"，属下吏员均不敢以权谋私。他在生活上非常俭约，以"清明谨慎"来约束自己；身处贫困县，与百姓同甘共苦；为政从简从易，不尚严苛繁细，尤其害怕百姓为官司所拖累，案子无限拖延，没有结果，故而每到一处首要事情就是将地方积压多年的案件处理得干干净净。马丕瑶上任后总是询民间疾苦、访地方利病，"兴利除害，知无不为"，"至则以孝悌力田，慰勉乡民。有构讼者，则委曲开导，俾各知悔悟，辖境大治。"① 平陆"六里坡道路崩圮"，马丕瑶"复倡修之，以利行旅"。

他在永济为官时，当时上源头、夏阳这两个地方百姓为了争夺一块黄河滩地，械斗了一百多年，死的死，伤的伤，一直没有解决。上源头和夏阳这两个村庄，背靠中条山，面朝黄河，田地交错相属。上源头村处南，夏阳村处北。在大粮地以西各有护岸地，以东各有沙地，上源头村名为"鸡心滩"，夏阳村名为"夹沙滩"。到了道光十八年（1838年），上源头和夏阳两村开始以黄河滩界构讼。当时县令许锦春丈量分滩，定为乙山辛向，照驿路老石畔为界，与东边磨盘二石三山相照。争讼暂时平息，相安十余年。然而当时所立界畔掩埋地中，"下有凭据而上无标记"。后来界畔不知何时被何人挪动，种种疑团未能解开。延至咸丰初年，诉讼再起。历任知县未能勘治，"案悬未定"。而两村蜗角般相持不已，"械斗率以为常"，两败俱伤。滩地之利没有得到，反而狱讼繁兴，村穷民困。马丕瑶上任后，亲自勘察，在一眼泉水中找到了很久以前的界石，这才平息了这两个地方的百年争斗。马丕瑶深恐"依样葫芦日久，或石畔埋没地中再为挪动，不足以绝讼源"，于是就在驿路东大粮地内东石涯根栽一石桩，用朱笔书写"乙山酉向，东西定界"八个字。

为官一任，造福一方，保境安民是作为知县的头等大事。同治六年

---

① 马吉樟：《国史本传》，沈云龙：《近代中国史料丛刊》，文海出版社，1966年。

（1867年），捻军张宗愚部一度占领与平陆一河之隔的山西吉州兴镇，屡次强渡黄河。为了平陆免遭侵犯，作为朝廷命官的马丕瑶不得不担负起责任，亲自组织绅团民勇严备城防，并亲自到黄河岸边，加强河防，率兵民堵御，昼夜巡防。捻军见无机可乘，只好率军西去。山西巡抚赵长龄上折赞扬其绩，朝廷下旨令马丕瑶补缺直隶州。其还未离开平陆，其间，曾有官军过平陆，这些清兵强买民物，与百姓发生矛盾，其长官也不加制止，反而庇护属下，激起当地民愤，百姓"汹汹欲变"。眼看事态严重，马丕瑶亲自面见其主帅，分析利害，最后将五名肇事者斩首，事态遂平。百姓拦道叩拜，感激涕零道："公不去，无此祸；公不为我少留，祸且不解。"因此事处理有功，马丕瑶还未上任直隶州，就被补授永济知县。

马丕瑶在平陆、永济知县任上的业绩，为他赢得美誉，百姓称其为"马青天"，其实是赞誉他断案如神、公平公正。马丕瑶在地方上的政绩，很快就被地方官员上报朝廷，同治皇帝也准备破格重用马丕瑶，让这位忠于职守的官员为民做更多的事情。

同治十年（1871年）八月，马丕瑶的父亲马天平病死于永济。在封建社会，父母去世，作为子女必须守孝三年。这三年期间，为官的必须辞官，在家守孝。马丕瑶马上辞官，扶柩东行，将父亲的灵柩运回安阳西蒋村安葬，并在西蒋村守孝三年。马丕瑶是一个恪守儒家传统的官员，在这一点上丝毫不含糊，在这三年，足不出西蒋村半步，做了一个孝子应该做的一切。

三年过后，也就是同治十三年（1874年），马丕瑶服阕入京，等待朝廷的任命。因在永济、平陆有政声，他很快就被任命为河东监掣同知。

从光绪元年（1875年）到光绪四年（1878年），发生持续时间特别长的大旱灾，范围波及山西、直隶、陕西、河南、山东等地区，造成1300多万人饿死，2000多万人逃离家园，这就是中国近代史上著名的"丁戊奇荒"。这场大旱灾，山西是重灾区，三晋大地"赤地千里，晋民饥馑，死者大半，流亡遍四方"，到光绪三年（1877年）冬天，山西甚至出现了人吃人现象。①

在这种情况下，马丕瑶被委以重任，兼任解州知州（治今山西运城）。马丕瑶到任后，面临的首要问题就是如何赈灾。尽管山西在"丁戊奇荒"中是灾情最严重的地区，但一些富商大贾，特别是一些盐商，囤积居奇，哄抬盐价；面对灾情，解州的一些地方官员不是积极解决灾情，而是贪污克扣赈灾钱粮，从中营私舞弊，鱼肉百姓。马丕瑶到任后，对这些弊端毫不留情地予以打击，"捕盐枭二十余斩之，乱民不得逞。乃周历各里，核其户口几何，能自食者几何，强籴者罪之，禁富人无得闭籴，其尤无告者，计口授食，如母之哺婴"。山西人在这场大灾中死亡五六百万人，而"解州独少"②。由此可以看出，在大灾面前，作为朝廷命官，是否尽心赈灾，是否把百姓的生命放在首位，成效是截然不同的。当山西其他地方饥民流离失所、饿殍遍野的时候，独解州百姓遭受的苦难较少，这不能说与马丕瑶没有关系。

光绪七年（1881年），马丕瑶离开解州，任辽州知州（治今山西民权县）。光绪八年（1882年）任太原府知府。光绪十年（1884年）以后的两三年间，他先后署理山西按察使和山西布政使。

从1862年进士及第后，一直到1886年，在这20多年的时间里，马丕瑶把自己的青春年华献给了三晋人民，把汗水洒在山西大地上，从知县、知州、知府，一直到按察使、布政使，一步步升迁，从七品县令至二品高官，可谓荣耀至极。马丕瑶没有后台，他的荣升完全是自己脚踏实地干出来的，兴修水利、赈济灾民、劝农养桑、兴办工业等，这些都是他在山西留下的功绩。

---

① 马士：《中华帝国对外关系史》，上海书店出版社，2006年。
② 李秉衡：《广东巡抚马公神道碑铭》，沈云龙：《近代中国史料丛刊》，文海出版社，1966年。

"勤求治理,实心爱民"是当时人们对马丕瑶的评价。晚清政局动荡,帝王很想任用有能力的官员治理国家,马丕瑶的才能得到了晚清最高统治者的赏识,开始委任他更为重要的职务。

光绪十三年(1887年)二月,马丕瑶被朝廷任命为贵州按察使,这样马丕瑶离开了生活20多年的山西,离开了生他养他的安阳故乡,到数千里之外的西南边陲任职。到贵州不到一年,又被调到广西任布政使。光绪十五年(1889年),马丕瑶升任广西巡抚,成为封疆大吏。光绪十八年(1892年),马丕瑶的继母病死安阳西蒋村,他丁忧在家,为母尽孝。光绪二十年(1894年),丁忧期满,马丕瑶进京候任。这年十月,被朝廷授以广东巡抚之职。

任广东巡抚,这对马丕瑶来说是一个新的挑战。1840年鸦片战争爆发,落后、封闭的中国被迫开放,广东是最早开放的地域,这对一个长期在内地做官的人来说,无疑具有极大的挑战性。马丕瑶初到广州,第一件大事就是拿当朝宰相李鸿章的胞兄两广总督李瀚章开刀,李瀚章的罪名就是松弛海防、玩忽职守、收受贿赂、重用贪劣官员等。在近代史上,李鸿章的权势谁敢撼动,他又是两广总督,一般人谁敢轻易得罪?但生性耿直、不畏权贵、不避私情的马丕瑶,就是凭借自己清廉正直、忠于职守的操守,不辱君命,认真查访,据实上报,生生将李瀚章扳倒。

扳倒李瀚章,为马丕瑶赢得了极高的声誉,光绪皇帝亲赐匾"百官楷模"以示表彰。

马丕瑶在任广东巡抚期间,是他两眼看世界的期间。近代中国之所以被西方列强"坚船利炮"打败,是因为我们落后,所以在广东巡抚任上,他选用大批的人才学习西方先进的制造技术,创办制造局,"招商劝办船械、机器等局"[①],组织乡民团练,保护地方治安;修建铁路,

---

① 马丕瑶:《马中丞遗集·遵旨覆陈时务折》,沈云龙:《近代中国史料丛刊》,文海出版社,1973年。

训练军队,加强海防。

在广东期间,由赌博引起的抢劫、盗窃、打架斗殴之事件天天发生,再有就是因赌博导致倾家荡产、卖儿卖女、妇女沦为娼妓者不计其数,所有的根源就是因为官方将赌馆合法化,对此马丕瑶深恶痛绝。光绪二十一年(1895年)五月,他贴出了《裁革陋规,严禁赌馆告示》。在给光绪皇帝的奏折中,痛斥将赌博合法化就是"纵民为赌,实纵民为盗"。他还极力反对吸食鸦片。马丕瑶的所作所为,应该说值得肯定,但在晚清时局下,他的所有努力根本改变不了国家的现状,只能招致更多人的憎恨。

1894年,对大清帝国来说,注定是一个不寻常的年份。这年,甲午战争爆发,很快日本从海陆两个方向进攻大清:陆地从朝鲜进入东北,打到奉天城,占领了大片领土;海上日军进攻烟台,占领山东半岛大部分。在此情况下,清政府不得不与日本谈判。1895年4月17日,李鸿章代表清政府与日本签订了《马关条约》。

《马关条约》是丧权辱国的条约,其中中国割让台湾岛及其附属岛屿、澎湖列岛、辽河半岛给日本之条款,深深刺痛了中国人。可以说从1840年鸦片战争开始到1894年甲午战争,每一次对外战争,中国没有一次胜利,失败的结果就是割地赔款,先割香港给英国,又割大片国土给俄国,现在又要割台湾、辽东半岛给日本,凡是有正义感和爱国心的中国人,都不会同意。马丕瑶闻听此讯,"愤懑不能自已",连夜上了《力阻和议折》,表达自己的悲愤与无奈的心情。在这道奏折中,马丕瑶一针见血地指出:

> 台湾久为日本所垂涎,亦为各国所耽视……一旦割归日本,遑论泰西各国群起纷争,即台南北各属忠义民团,亦必揭竿而起,将与倭人不共戴天,胜负何常,众怒难犯。
>
> …………

"至辽河以东地方割归日本"一条，尤为诞妄无理。夫辽东逼近沈阳，为我国根本重地，列祖列宗创造垂统，缔造艰难，尺土不可与人。卧榻岂容酣睡？何况发祥之地，陵寝具在，无论其如何要挟，断不能忍让屈从。今若割以于倭，则南至海滨，北至漠外，任其纵横无忌，而我则门庭自限，跬步不行。[①]

在这道奏折中，马丕瑶对国家社稷充满了忧虑，其拳拳爱国之心，跃然纸上。其实他心里也明白，无论如何也阻止不了条约的签订，大清帝国已病入膏肓，形如一具骨瘦如柴的病体，只要稍加外力，就会轰然倒塌。悲愤、无奈、伤感，是生活在晚清大多数中国人的真实写照。

也就是在光绪二十一（1895年）九月八日，马丕瑶在给光绪皇帝上完最后一道奏折后，积劳成疾，溘然辞世，卒于广东巡抚任上。在这道最后的奏折中，马丕瑶还一直希望光绪皇帝能"励精图治"，有所作为。在奏折中，他对自己的一生进行了总结，说："臣赋性孤介，嫉恶太严，遇事不避嫌怨，毅然为之，但求有俾于君，其他无所恤。"

当马丕瑶去世的消息传到北京后，光绪皇帝也非常悲伤，下旨加封马丕瑶为光禄大夫头品顶戴兵部侍郎兼都察院右副都御使、广东巡抚，为此还专门下了一道圣旨，并写了祭文。

在祭文中，光绪帝对马丕瑶给予很高的评价，全文为：

皇帝谕祭病故原任广东巡抚马丕瑶曰：鞠躬尽瘁臣子之芳踪，赐恤报勤国家之盛典。尔马丕瑶性情纯良，才能称职，方冀遐龄，忽闻长逝，朕用悼焉。特颁祭葬，以慰幽魂。呜呼！宠赐重垆，庶沐匪躬之报，名垂信史，聿昭不朽之荣。尔如有

[①] 马丕瑶：《马中丞遗集·力阻和议折》，沈云龙：《近代中国史料丛刊》，文海出版社，1973年。

知，尚克歆享！①

马丕瑶死后，其次子马吉樟到广东护送父亲的灵柩回到安阳老家安葬，葬于西蒋村之南原。

一代忠臣、马氏庄园的第一代主人马丕瑶走完了不朽的一生，"马青天""百官楷模"就是他一生的最好写照。

三、马氏家风

安阳马氏，虽非官宦世家，但从马丕瑶步入仕途开始，就非常注重家风建设，尤其在家训和子女教育方面，独树一帜。

要了解马丕瑶，要了解马氏子女们的成长经历，离不开经马丕瑶开始提倡并形成的马家家风。这些风气，影响了马家几代人，尤其是马丕瑶开创的马氏家训，成为马丕瑶的子女恪守的戒律，也成为他们成长的坐标。我们现在回头来看，马丕瑶四男三女，不论是为官，还是经商办实业，或者行善办教育，甚至操持家务，都有一套严格的规范，正是马氏家风使得马丕瑶的子女都有贡献，在河南近代史乃至中国近代史上占有一席之地。

（一）马氏家训

在中国几千年的历史演进中，有一种文化现象值得关注，那就是家训文化。

家训，是先辈留给后人的为人处世宝典。其内容涵盖励志、勉学、修身、处世、治家、为政、慈孝、婚恋、养生等方方面面，是传统家庭教育的百科全书。

---

① 马丕瑶：《马中丞遗集. 论赐祭文》，沈云龙：《近代中国史料丛刊》，文海出版社，1973年。

家训，是中国传统文化的重要组成部分，也是家谱的重要组成部分，它在中国历史上对个人修身、齐家发挥着重要的作用，是国家富强必不可少的一个支点。在社会治理过程中，家训家规和国家法律共同构成治理社会的要件，发挥着稳定社会秩序的力量。儒家一再强调的"修身、齐家、治国、平天下"，目标也是从个人到家庭再到国家这样的顺序。如何修身、齐家，也就是说个人成长和家庭治理必须有一套行之有效的规范，便于人人遵守，这便是家法家训的最早起源。

家训之所以为世人所推重，其根本原因在于家训的主旨是推崇忠孝节义，提倡礼义廉耻。一般来说，许多大家族都有家训，这是维持这个家族繁衍生息的基石，如果没有一套规章约束，没有一套礼仪制度，家也就不成为家，更别想让这个家族延绵几代、十几代。

家训是这个家族总结下来的，可供子孙学习和遵守的东西，也是家族子孙学习的教科书，因此在历史上，许多大家族都非常重视家训提炼。一般来讲，中国封建时代的大家族所总结出来的家训，无外乎如下几个方面的内容：

1. 注重家法、国法。

2. 和睦宗族、乡里。

3. 孝顺父母、敬长辈。

4. 合乎礼教、正名分。

5. 祖宗祭祀、重程序。

6. 修身齐家。

其实每一个家族都有家训，只是表现的形式不一样，有条件的大家族可以形成文字，供后人瞻仰、学习；没有条件的家庭，不过是口口相传，将内容涵盖于平日的生活里、平时的教育中。也就难怪，我们现在所接触到的历史上有名的家训，基本上都是出自有地位的官宦人家或者饱学之士，一般的老百姓家里很少见到流传下来的家训文字。

安阳马氏家族，在未发迹前，也很重视子女的教育，不过这种为人处世的教育表现在口口相传上，没有形成文字。到了马家出现第一位进士——马丕瑶，马丕瑶开始像其他封建官宦人家一样，注重家训，并把它镌刻出来，供子女学习。

走进今天的马氏庄园，在中路大门，悬挂着"太史第""进士第"匾额，进入第二重门，门楣上有"清节皎然"匾额，这四个字的题写者是晚清重臣、军机大臣、两江总督左宗棠在光绪七年（1881年）为马丕瑶题写的，那时候马丕瑶还只是山西解州的知府，一个小小的知府能得到一品军机大臣的题词，实属荣幸，这也反映了马丕瑶在朝中的威望。就在这个匾额下面，悬挂着木刻的马氏家训。

马氏家训的形式很特别，与我们所熟悉的历史上的家训不一样，不同之处在于马丕瑶用《易经·家人卦》作为家训。马氏家训的全文如下：

马氏庄园"进士第"匾额

"进士第"匾额

"清节皎然"匾额

家人，利女贞。象曰，家人。女正位乎内，男正位乎外。男女正，天地之大义也。家有严君，父母之谓也。父父、子子、兄兄、弟弟、夫夫、妇妇，而家道正。正家而天下定矣。象曰，风火自出，家人，君子以言有物而行有恒。初九，闲有家，悔亡。象曰：闲有家，志未变也。六二，无攸遂，在中馈，贞吉。象曰：六二之吉，顺以巽也。九三，家人嗃嗃，悔厉吉；妇子嘻嘻，终吝。象曰：家人嗃嗃，未失也。妇子嘻嘻，失家节也。九四，富家，大吉。象曰：富家大吉，顺在位也。九五，王假有家，勿恤，吉。象曰：王假有家，交相爱也。上九，有孚威如，终吉。象曰：威如之吉，反身之谓也。

马丕瑶用《易经·家人卦》作为家训，阐明了如下几层意思。

首先，一个人如何修身，如何加强道德修养。"女正位乎内，男正位乎外。男女正，天地之大义也。"这一句话说明的是，女人在家庭的职责就是操持家务、生儿育女；男人的职责就是在外面做事养家。男人和女人必须操守正派，严格要求自己，这是理所当然的事情。

其次，就是齐家。"家有严君，父母之谓也。"意思就是说父母是一家之长，就如同君王，负责管理一家大小事务，治理家庭要严格，国有国法，家有家规，要理顺家庭成员之间的关系，营造和谐的家庭氛围。如何营造和谐的家庭氛围？就是每一个家庭成员都要尽到自己的责任和义务，父亲尽到父亲的责任，儿子尽到儿子的责任，哥哥尽到哥哥的责任，弟弟尽到弟弟的责任，丈夫尽到丈夫的责任，妻子尽到妻子的责任，各守其道，各尽其责，这样家庭才能安定和睦。

再次，就是做人言行要一致，修身的关键是言行，说话要有依据，不能人云亦云，人要有诚信不能说大话。在行动上要有始有终，不能半途而废。

在马氏家训中，用《易经》中《家人卦》的六个爻辞，从六个方面论述了齐家的具体要求和后果。

"初九，闲有家，悔亡。象曰：闲有家，志未变也。"以此说明在家庭成立之初，就要定规矩，防患于未然，这样才不会有后悔的事情发生。否则就会悔之晚矣。

"六二，无攸遂，在中馈，贞吉。象曰：六二之吉，顺以巽也。"教育家庭成员不要追名逐利，要安于本职工作，只有把自己的分内事干好了，才会获得吉祥。

"九三，家人嗃嗃，悔厉吉；妇子嘻嘻，终吝。象曰：家人嗃嗃，未失也。妇子嘻嘻，失家节也。"意思就是在家庭内部，没有规矩、没有家法家规，就会生出是非。强调了治家宜严不宜宽。治家严厉，家人虽有怨言，但最终会获得好处。治家不严，没有规矩，就会失去对家人的节制和管理。

"九四，富家，大吉。象曰：富家大吉，顺在位也。"就是说要顺从一家之长的管理，就会家庭富裕，大吉大利。

"九五，王假有家，勿恤，吉。象曰：王假有家，交相爱也。"就是说，家长要用高尚的品德来感化教育子女，这样家人也会形成互帮互爱的美德。

"上九，有孚威如，终吉。象曰：威如之吉，反身之谓也。"就是说治理家庭，一定要有威望，这样才会给家庭带来吉利。如何树立威望呢？就是要时时反省自己所做的一切。

细细品味，马丕瑶制定的马氏家训和传统的以儒家思想为内容的家训无二，还是沿着儒家倡导的"修身、齐家、治国、平天下"的道路在前行。事实上，马氏后人也是严格按照家训所规定的内容来行事，这才有后来马丕瑶的子女在不同领域均有建树。

（二）马氏家语

马丕瑶对自身严格要求，曾设反省室——约斋，定期反省思过，并书写《约斋铭》。《约斋铭》全文共741字，包括戒色、功名、思虑、笔墨、言语、处家、生业、银钱、享用、应酬、读书、豪情等12条，思想内涵丰富。尤其是敬让、诚信、勤俭、积善、修身、律己的儒家传统思想十分突出。这是马氏家语中的精华，也是马氏家风的集中体现。

限于篇幅，我们不能一一介绍《约斋铭》内容，仅摘其中部分内容解读。现在很多解读马氏庄园的学者，在解读马丕瑶的《约斋铭》时，往往将《约斋铭》中的内容作为马氏家训，其实这是马丕瑶一生思想的总结，也是留给马氏子孙的精神财富，我们称其为马氏家语也许更贴切一些。

如在《约斋铭·功名》中，马丕瑶写道：

十年俗吏味亲尝，不学无术空彷徨。悔从前幸博科第，求志欠精详……约约灰冷了躁进热肠，淡静中讨一个内圣外王。确有主张，勿悠悠碌碌随人忙。

他通过自己十年为官的经历，告诉后人不要为了追名逐利而辛苦忙碌，随波逐流，要坚定自己的主张，为了理想保持一颗平静的心态，不要为眼前的名利而心躁冲动。

在《约斋铭·笔墨》中，他写道：

辞达而已矣，立诚在于是。动笔万千言，几字载明理。圣贤之书不得已，愈久愈新简奥里。约约戒虚车，阐要旨，惜墨如金勿浪使。

他一再告诫自己的子女：读书做文，要准确表达思想，不要玩弄那些华丽的词藻；做学问，力戒虚浮，一定要阐明要旨。

在《约斋铭·处家》中，他说：

继慈即亲娘，孝顺十分真。糟糠妻，莫轻嗔。婢收匆弃，尤戒厌故喜新。儿辈严课读，也要善诱循循。约约家之本在身，不修己，难责人。何以使伦理正，族党化，僮仆驯。雍雍肃肃，和乐一家春。

在家庭关系方面，继母也是亲娘，也一定要孝顺；对于妻子，不要轻易发怒，绝对不能喜新厌旧。在家庭教育方面，对孩子的读书学习，既要严格要求，又要循循善诱。所以治家的根本在于修身律己，自己不以身作则，也就难以要求别人。

在《约斋铭·生业》中，他说：

有屋数椽，灯红照读；有田两顷，野绿催耕。但能克勤克俭，可免呼癸呼庚。约约退步想，勿求赢。心足福清，桃花源里听三声。

几间茅屋，几顷薄田，只要勤劳节俭，照样可以丰衣足食。约束自我，不要太贪心，只要有田种，有书读，知足常乐，不是也很幸福吗？

在《约斋铭·银钱》中，他说：

宝蚨飞，债猬积，勾稽茫然，笑煞痴颠。究竟得金占艮当知止，一金二戈莫腰缠……约约丈夫，穷且益坚。惟守节用之道述尼宣。

告诫子孙不要被金银钱财所打垮，安于贫穷，意志才会坚定。只有保持节用之道，才是立身处世的关键。

在《约斋铭·享用》中，他说：

官气须脱然，物物周全费万千，何补性天？玉注瓦盆同一醉，绣帷莞席同一眠。约约秀才儿，家风休改换。布被暖，菜根鲜，素位乐陶然。

告诫子孙，在生活上不要追求奢靡浮华的生活，想一想，用玉杯喝酒和用瓦盆喝酒有何区别，还不都是一醉方休；睡银床丝帐和竹帘草席又有什么不同，还不都是为了睡觉。不要追求那些奢华生活，艰苦朴素的家风不能丢。

700多字的《约斋铭》，充分体现了马丕瑶一生的品德和精神追求，也是马氏家庭教育的重要读本。马氏家语，润物细无声，一字一句都浸润着马丕瑶的家教思想，从这一点来看，和传统家训有几分相似，强调的是修身、治家、孝道、处世、交友等，无不体现儒家思想的精髓。

（三）马氏家教

诚如许多家庭一样，不论是出身显贵的家庭，还是出身低贱的家庭，家庭教育始终贯穿其中。家教严不严，对于子女以后的成长非常关键。马丕瑶之后，马家人才辈出，既有博取功名、高中进士、显亲扬名的朝廷显贵马吉樟，也有一心沉醉洋务、热心办实业的马吉森，还有热心慈善、热衷教育、投身革命的马青霞。马丕瑶的四男三女，各个秉承家风，在各个领域均有建树，青史留名，与马氏家教的独特方式分不开。

徜徉在马氏庄园，每一处建筑都有一段故事，都能折射出马丕瑶严格的家庭教育印痕。

马丕瑶出身贫寒，没有耀眼的祖德荫庇，也没有厚实的家庭背景，他的成名，完全是靠自己勤奋好学得来的，因此在家庭教育方面，在教育子女方面，非常重视，且严格要求，通过不同的途径教育子女，读圣贤书、述仲尼志是他教育子女的宗旨。

在马氏庄园里，至今依然保存完好的"耕读楼"，就是马丕瑶专门为子女们建的读书楼。

马丕瑶像许多官宦人家一样，在自己的庄园里设有私塾，延请名儒硕学来教育子女。在马氏庄园的第一个四合院内，有东西厢房各五间，称为东塾和西塾。东塾是男孩子学习的地方，西塾是女孩子学习文化和学习做女红的场所。马丕瑶的四男三女都曾在这里学习。当然，在马氏私塾里学习的,除了马丕瑶的子女,还有西蒋村马氏家族的子弟。

在马氏庄园里,"耕读楼"最引人注目。这所楼寄托了马氏庄园主人的追求,也就是希望马氏子弟秉承耕读勤家的传统。当站在这座楼前,你会发现它与其他的楼不一样,虽说也是木结构的二层楼,但没有楼梯。没有楼梯,人怎么上去?原来是马丕瑶故意而为之,当马氏子孙全部集中到楼上读书的时候,就把楼梯搬走。马氏子孙一天到晚只能在楼上学习、活动,不能下来。中午饭有专人负责送上去,孩子们只有到了晚上才允许下楼回家休息。对家族子弟如此严格要求,体现了马丕瑶的良苦用心。

在私塾里,有一副对联很特别:"真人品从五伦做起,大文章自六经得来。"这体现了马丕瑶教育子女的本真,也就是希望自己的子女修炼品德,以"五伦"为内容;做学问、写文章,必须在"六经"中寻觅。

何谓"五伦"?"五伦"是中国古代社会最基本的五种人伦关系,即君臣、父子、夫妇、兄弟、朋友五种关系。这五种关系是怎样的一种关系?孟子认为:"父子有亲,君臣有义,夫妇有别,长幼有序,朋友有信。"也就是说父子之间有骨肉之亲,君臣之间有礼义之道,夫妻之间挚爱而内外有别,长幼之间有尊卑之序,朋友之间有诚信之德,这是处理人与人之间关系的道理和行为准则。这是儒家倡导的人际关系的道德底线,任何人不能突破,所以在古代教育中,"五伦"一直放在首位,也就是把道德修炼和人际关系放在非常重要的地位,"五伦"不乱,社会就不会乱。

何谓"六经"?孔子晚年整理的《诗》《书》《礼》《易》《乐》《春秋》,后人称为"六经"。"六经"是儒家的经典典籍,被读书人奉为至尊,所以在古代的学校,"六经"是最基本的教科书,也是官方尊为正统的典籍。读书做官,科举考试,离不开儒家典籍,做学问、写文章,只能在"六经"寻觅。

从这副对联，我们可以看出马丕瑶的良苦用心，就是要求马氏后人苦学儒学典籍。为了让孩子们熟记于心，要求孩子们每天进入学堂前，在大门口都要念一遍这副对联，时时刻刻提醒他们，读书是为了什么，为了美好的明天，刻苦学习吧。

（四）匾额楹联教做人

在教育子女如何做人上，每个人有每个人的做法，一般人采用家训家规的方式，不断警醒提示；也有人采用家法惩戒，纠正后人不良的习气和行为；还有人通过谈话书信的形式，循循善诱，良言相劝，慢慢开导。在马氏庄园，马丕瑶在教育子女上，也曾采用过上述几种方法，如在《示二儿吉樟》诗中说："立志追希文，学垂三不朽。多读有用书，少交无益友。文章贵经余，虚车最为丑。古人惜分阴，惶惶为恐后。一敬胜百邪，一诚包万有。汝父望汝成，如泰山北斗。"在《示大侄吉福》诗中说："汝曹尔为长，倡率一家人。处乡要和睦，九族本一亲。怒时须忍耐，见利防害身。做事退步想，以屈而能伸。勉之哉！读书第一传家法，教训诸弟耐苦辛。"

在其他方面，马丕瑶也有不少的创举，尤其是马氏庄园的匾额楹联，无疑是另一种教科书，时时警醒马氏后人，时时教育马家子孙，如何做人、如何处世、如何交友、如何处理家庭关系等。这些匾额楹联已成一种警示文化，它不仅提醒马氏后人，今人读之也会获益匪浅。

一等人忠臣孝子，两件事读书耕田。

此副楹联挂于马丕瑶故居前，马丕瑶把忠诚国家奉为为官之座右铭，把孝顺父母作为治家之根本，这是马氏家规，马氏子孙务必要做忠孝两全的一等人。

天下无不是底父母，人生最难得者弟兄。

此副楹联位于仪门背后，强调的是天底下父母的大爱，作为子女要孝顺父母；人生之中最难得的亲情是兄弟之情，兄弟如手足，反映了儒家典型的"仁义孝悌"的伦理思想，也是家庭和睦的不二法门。

静以修身俭以养性，入则笃行出则友贤。

此联挂于马家第四个儿子马吉枢堂前，出自诸葛亮的《诫子书》，强调修身养德的重要性，为人处世的品德操行。"静"是为了修身，"俭"是为了培养德行，在家行为端庄，在外交友忠厚。

不爱钱不殉情我这里空空洞洞，凭国法凭天理你何须曲曲弯弯。

此联位于会客厅两侧，为马丕瑶亲撰，充分体现了马丕瑶为官之道、为人之道，教育子女做官不要贪钱、不要徇私情，金钱私情在我这里空空如也，我所坚持的只有国法和天理，所以也就没有必要卑躬屈膝、阿谀奉承。

处事无他莫若为善，传家有道还是读书。

此联告诫子孙为人处世的法宝只有一个——与人为善；能够使家族兴旺的秘诀在于读书。与人为善、勤学苦读，家庭才会和睦，家族才会兴旺。

万支本是一身，田制鱼鳞，聊赡我亲疏族党。富贵敢忘微贱，清分鹤俸，先给他鳏寡孤贫。

此联是马丕瑶亲撰，位于马氏义庄两侧，反映了马氏一家行善的事迹。马丕瑶虽然贵为封疆大吏，但仍有一颗仁慈的心，对于家族中贫穷无靠的人给予救济，体现了传统儒家思想中怜悯之心、仁爱之心，也是教育子女最好的教材。

一诚包万有，一敬胜百邪。

此联告诫子女做人只有两个字，一是"诚"，一是"敬"。细究起来，其中蕴含的哲理实在深奥。

与有肝胆人共处，立身立业；从无字句处读书，明理明心。

此联也是告诫子女处世修身的道理。

马氏庄园里还有很多楹联、匾额，每一副对联、每一块匾额，都有来历，都有出处，都体现了马氏家训、马氏家规，体现了马氏教育子孙后代的思想，在立身、处世、交友、为人、持家等方面均有涉及，这些楹联无疑是另外一种家训，在时时刻刻提醒着马氏后人，在潜移默化中教育子女。

马氏家风，浸润的自然是马氏后人的品行节操，马氏子女之所以后来在各个方面均有建树，无不与良好的家风有关系，这也是我们今天游览、观赏马氏庄园的收获。

四、马氏风华

西蒋村真是一个好地方，青山、绿水、小桥、田庐构成了一幅宁静安逸的自然山水画。这景，在马丕瑶的《厔庄记》中有如此描写："庄地北高南下，前涧后岗，四围环抱，一窝深秀。其西南远近曾峰，迭起罗列翔舞，尤具胜观。西岗下草创田庐，寅山申向涧底，通桥以便往来……所谓几叠青山烟树外一湾流水，小小桥东也。"[1]

当然100多年前的美景今天是看不到了，远处的山还在，但涧底已经没有了流水，和华北地区的普通乡村没有什么区别，唯一能让人流连忘返的是马氏庄园以及在此生活并发迹的马氏庄园的主人。

马氏庄园的主人，除了马丕瑶，就是他的几个儿子以及从马氏庄园走出去的女儿们，这些下一代庄园的主人，受其父马丕瑶的影响，从政、办实业、慈善为家，在各个方面史有留名。

先说马家长子马吉森。

---

[1] 马丕瑶：《马中丞文集．厔庄记》，沈云龙：《近代中国史料丛刊》，文海出版社，1966年。

马吉森，生于咸丰七年（1857年）十二月初一，他是马丕瑶的长子，《续安阳县志》记载："马吉森，字子明，巡抚丕瑶长子。明敏通书史，虽显族，与人和蔼，遇地方公要，倡导最力。"说明马吉森从小就深受其父马丕瑶克己守礼、勤政爱民等诸多优良品德的影响，少小勤学，常怀忧国忧民之志，读史明理，虽然出身显贵，但对人很和蔼，凡是遇到地方有什么为难的事情，他倡导得最有利。

作为长子，父亲常年在外做官，他就在西蒋村和母亲一起操持家务，所以我们没有看到有关他读书科举之事的记载。作为封疆大吏的后代，他也得到了一官半职，曾任翰林院待招、直隶候补道等，不过那些都是虚职，并没有实权，实际上他也没有赴任，一生的活动范围不出河南，甚至不出安阳地区。

从19世纪40年代开始，西方列强用"坚船利炮"迫使腐败无能的清政府签订了许多丧权辱国的不平等条约，除了割地赔款，西方列强还对中国的矿产资源虎视眈眈，胁迫清政府同意他们在各地开矿办厂，对中国进行大规模的经济掠夺与渗透。面对民族工业受压迫、被挤兑的严重局面，马吉森悲愤交加，一腔爱国激情使他意识到必须兴办实业与之抗衡。

光绪二十九年（1903年），马吉森和谭世桢合伙在安阳开办了六河沟煤矿和安阳广益纱厂，并在此基础上，成立了安阳商会，马吉森任会长。马吉森是具有先进经营思想的实业家，对于开办的六河沟煤矿，采用入股形式，组建了六河沟煤矿股份有限公司，是当时中国十大煤矿之一。

马吉森思想开放，他大胆引进和借鉴西方的先进管理制度和经营方法，颇有现代企业的特征，对当时的河南乃至全国的经济转型都具有一定的促进意义。

六河沟煤矿投产后，获利甚丰。到了宣统元年（1909年），清政府决定加大六河沟煤矿开发力度,采取竞标出资方式开发六河沟新煤矿。对于六河沟煤矿,西方的资本家们早就垂涎三尺,尤其是英国的"福公司"等,在中国各地开矿办厂,看到六河沟煤矿如此重要,自然会采取一切手段想控制六河沟煤矿。马吉森不愿意自己辛苦经营的煤矿就这样落入洋人之手,遂向小妹马青霞求援。马青霞虽然已经出阁,但她是河南首富尉氏刘家的实际控制者,在小妹的鼎力支持下,马吉森以180万两白银中标,夺得六河沟新煤矿开发权,击败了英商的暗箱操纵,大长了国人的锐气,灭了洋人的威风,其爱国壮举,为后人所颂扬。

光绪二十九年,马吉森还和安徽人孙家鼐合作创办了安阳广益纱厂。广益纱厂最兴盛的时候有纱锭29000枚、工人1300余人,是当时河南最大、最早的纺织企业。

马吉森所创办的企业都在安阳,因为马吉森是马家长子,在马丕瑶去世后,他就成了马家掌门人,除了经营事业,他秉承父亲的传统,在马氏庄园建立义庄,资助救济西蒋村马氏家族的贫穷者。

马吉森,一个实业家,一个慈善家,在马家历史上占据一定的地位,他的所作所为,在安阳有口皆碑,《续安阳县志》评价他:"安阳今日工商业,稍见扩展,吉森实创其端。"[1]

再说马家次子马吉樟。

马吉樟,是马丕瑶的次子,生于咸丰九年(1859年)八月初五,和马吉森是一母同胞。马吉樟是马家继马丕瑶之后又一个重要人物,其在晚清的影响力不亚于其父马丕瑶,是光绪皇帝的近臣。民国以后,因和袁世凯关系非同一般,他又得到重用。从光绪到民国初年,诸多重大的历史事件,都有马吉樟的身影,因而有人称马吉樟是历史上最会做官的人之一。

马吉樟出生的日子是农历八月初五,这个日子在历史上颇具传奇。

---

[1] 王幼侨:《续安阳县志》,北平文岚簃古宋印书局,1933年。

史书记载,唐明皇李隆基出生于这一天,后来李隆基登基后,有一帮大臣为了巴结唐玄宗,就上表请求把这一天改为"千秋节",并成为法定节日,全国放假三天。马吉樟也是这天出生,能和唐明皇同日出生,或许机缘巧合,但马丕瑶还是寄予马吉樟很大的希望,是否马丕瑶也希望这个儿子能像唐明皇一样,干出点青史留名的事迹,不好揣测,但他给这个儿子取乳名为"千秋",可以看出马丕瑶的些许用意。

不过马吉樟也还真是争气,从小就表现出非同寻常的聪明睿智,在《马氏宗谱》中记载,他从5岁的时候就开始读《诗经》《尚书》等儒家典籍,而且过目不忘,被人誉为"神童"。马吉樟或许有读书的天赋,因为在清代私塾里,五六岁的小孩子主要是识字,常读的蒙学书籍是《三字经》《百家姓》《千字文》等,到八九岁或十几岁,才读《诗经》《尚书》,由此可见马吉樟的领悟能力还是比较高的,也说明他的确是读书的料,读书考取功名是他能够成功的路。

为了考取功名,马吉樟一直在求学读书的路上不懈努力着。光绪五年(1879年),20岁的马吉樟考中举人,也就是说有了进京参加进士科考试的资格。

第二年,也就是光绪六年(1880年),马吉樟进京参加会试,金榜题名,考中进士,从此马吉樟开始了做官之路。

光绪九年(1883年)选为庶吉士,这年马吉樟才24岁。不要小看庶吉士这个官职,从明代开始,翰林成为政府储才之地。为皇帝近臣,负责起草诏书,为皇帝讲解经籍等。明英宗以后有惯例:非进士不入翰林,非翰林不入内阁。所以庶吉士号称"储相",能成为庶吉士的就有机会平步青云。清朝的汉人大臣中,很多都出身翰林庶吉士。马吉樟选为庶吉士,可见其才能得到了朝廷的肯定,要不然早就派到外地为官了,岂能留在中枢机构为皇帝近臣,侍候皇上?

光绪十二年(1886年),27岁的马吉樟授翰林院编修。光绪十八年（1892年），33岁的他担任国史馆协修、会典馆总校，基本上还是皇帝身边的近臣，负责起草诏书、为皇帝讲解之类的工作。

马吉樟不像马丕瑶，马丕瑶考中进士后，就一直在外做官，从基层做起，一直做到广东巡抚。而马吉樟考中进士后，一直在京城为官，是皇帝身边的近臣，这才有机会亲历晚清政局的大小事件，使他的人生充满了神秘的色彩。

光绪二十一年（1895年），马丕瑶病死于广东巡抚任上，作为儿子的马吉樟，从北京赶往广州，护送父亲的灵柩回老家安阳西蒋村安葬。在为父守丧期间，马吉樟应邀到安阳的昼锦书院讲学，这是他为家乡做善事的三年，"捐束脩，修讲堂，置书籍，揭示为学纲要，刊行巡抚君遗集，以励乡里士志"[①]。在昼锦书院讲学期间，他将书院付给他的报酬捐了出来，用这些钱修缮学堂，购买书籍，并为书院编写教学大纲，出资刊印父亲的著作《马中丞文集》《马中丞遗集》，诸多善举都是为了勉励家乡学子读书报国。

光绪二十五年（1899年），马吉樟服阙入京。

光绪二十六年（1900年），在八国联军快要打到北京的时候，慈禧太后、光绪帝和亲贵大臣从北京出发，仓皇西逃，经河北，到山西，最后逃往西安。作为皇帝近臣的马吉樟护驾西逃。

慈禧、光绪跑了，一堆烂摊子留给了大清王朝的全权代表奕劻和李鸿章，经过长时间的谈判，最后签订了丧权辱国的《辛丑条约》。条约签订了，慈禧太后松了一口气，她终于可以结束颠沛流离的生活回到北京。

光绪二十七年八月二十四日（1901年10月6日），在结束93天的西奔后，慈禧等一帮人准备回京，回京的路线是经过详细规划的，东

---

① 曹寅初：《安阳马坚壮翁年七十三行状》，转引李玉洁：《辛亥女革命家刘马青霞评传》，科学出版社，2012年，第26页。

出潼关,先到洛阳,再到开封,再北上回京;回京的心情也是放松的,这才有了一路游览河南各地名胜、品尝河南各地风味小吃、到处留下墨宝的机会。回京的路是漫长的,这一走就是三个月,直到1902年1月8日,慈禧、光绪等才回到北京。自然,马吉樟也是护驾回京的要员之一。也正是有了这样的机会,慈禧、光绪才有机会在北上途经安阳的时候,下榻马氏庄园,使马氏庄园又多了一道荣光,而这些都与马吉樟有极大关系。

光绪二十九年(1903年),马吉樟先后任河南会试同考官、甘肃乡试主考官。按理说,会试考试就是进士考试,应在北京,但这一年的全国会试考试却在河南开封,这或许是八国联军侵华的直接后果,作为同考官的马吉樟又一次回到了河南。

光绪三十年(1904年),马吉樟为翰林院侍讲、侍读、日讲、起居注官,理所当然成为光绪皇帝身边的近臣,是朝廷中的显官,地位显赫。能够侍奉在皇帝身边,一则说明马吉樟学问扎实,堪当大任;二则表明他是光绪最信任的官员,是皇帝的心腹。

进入大清王朝的最后几年,形势迫使大清王朝不得不进行改良。光绪三十一年(1905年),实行了一千多年的科举制度被废除,取而代之的是新式学校的建立。马吉樟虽然是皇帝近臣,但思想并不守旧,世界风云浩浩荡荡,"顺之者昌,逆之者亡"这个道理他还是懂的,所以当河南公立旅京豫学堂成立的时候,他欣然接受总监督之职。

光绪三十三年(1907年),大批中国学生留学日本,清政府派马吉樟东渡日本,考察政治,管理留学生工作。也就是这次东渡日本,他将寡居在家的小妹马青霞带到了日本,彻底改变了马青霞的命运,"巾帼英雄"横空出世,以革命者的身份给马家带来了更大的影响。

从日本回来后,马吉樟离开北京南下,到湖北为官,先后做过湖北武昌盐法道、湖北按察使等职。

1911年，武昌起义的隆隆炮声惊醒了国人，辛亥革命爆发了，同时也拉开了大清王朝覆亡的序幕。面对革命大潮，马吉樟这位清朝重臣，选择了离职，回到老家安阳定居。

大清亡了，民国建立，凭借着较好的人际关系，马吉樟又成为大总统袁世凯的座上宾，1915年被袁世凯任命为总统府内史，相当于总统府秘书。1915年12月12日，袁世凯推翻共和，恢复帝制，马吉樟愤然辞职，回到安阳西蒋村。北洋政府时期，他任总统府秘书长。晚年，寓居北京。1931年辞世。

马吉樟不仅是马家第二个进士，也是马家在官场上做得最为出色的人，他和他的家族经历了近代中国许许多多重大的历史事件，如洋务运动、太平天国运动、甲午战争、戊戌变法、八国联军侵华、辛亥革命、民国建立、袁世凯称帝等。尽管处在这样的环境之下，但马吉樟与各种政治势力均保持着较为密切的关系，是慈禧、光绪面前的红人近臣，又和袁世凯关系甚密。同时思想进步、学问深，他有自己的眼光、主张和气节，是河南公立旅京豫学堂的创办者，培养了许多仁人志士；他又是辛亥女侠马青霞的引路人，没有他把马青霞带到日本，就没有马青霞后半生的传奇故事；他还是同盟会的同情者，在湖北任职时，掩护过同盟会会员。辛亥革命，推翻清朝，他没有一丝的怨恨，反倒积极投身民国；对于袁世凯的倒行逆施，又是那样不屑，宁愿辞官，也不愿逆潮流而动，这就是他的气节。

还有一点值得肯定，他是一个热心家乡建设的乡贤。他的一生，大部分时间在京城，但对家乡，却怀着深深的眷恋，对于家乡之事，知无不为，是个大善人，"常以救饥活人为心"。据曹寅初《安阳马坚壮翁年七十三行状》记载，当时安阳的差役很重，百姓怨声载道，乡绅上诉，马吉樟亲自修改诉状，后来上面派人落实情况，削减了百姓徭役；1903年，他主持河南会试，对于地方官加重百姓赋税的做法，甚为不满。他和他的父亲一样，是一个为官尽职尽责、"爱国恤民"的清正官员。

最后说马家其他子女。

马丕瑶共有四男三女，除了长子马吉森、次子马吉樟外，三子马吉梅、四子马吉枢没有做过官，二人的影响也不及马吉森、马吉樟。马吉梅恪守家训，耕读勤家，搞多种经营，曾在鹤壁等地开过小型煤矿。所以在马氏庄园马吉梅故居有一副楹联，反映了马吉梅的生活状态，楹联为："续祖宗一脉真传克勤克俭，示儿孙两条道路唯读唯耕。"马吉枢一生在家务农，自己兼懂医术，所以常年免费为乡邻治病，自己生活却很苦。

马家四个儿子，尽管在不同的领域都有影响，但"耕读"二字是他们共同信守的家训。此外，马家三个女儿，除小女儿马青霞外，其他两个女儿如同那个时代大多数女子一样，为人妻、为人母，默默度过一生。

在马丕瑶的众多子女中，小女儿马青霞才是真正的主角，在近代中国史上、在中国妇女史上，甚至在中国革命史上、中国慈善史上都留下不朽的印记。

这才是我们这本书重点的内容，前面洋洋洒洒的一两万言只是一个铺垫，所有马氏庄园的各等人物都是为她的出场做注脚的。

在中国历史上,女人的地位一向较低,尤其是出嫁的女人,自从她离开父母的那一刻,她就与娘家没有了关系。那个生她、养她的家遂与她关系不大,那个对大多数中国人来说魂牵梦萦的故乡、根之所在的家园与她渐行渐远,她只能心中有那个家、梦中有那个家,她的生命已经不属于那个家,那个家的兴衰与之没有太大的关系,她属于夫家,也就是出嫁以后一直到死的那个家才有她的位置。

以此,有人说:女人是没有故乡的。女人的故乡,尤其是出嫁女人的故乡只是一种记忆。

在马氏庄园里,马家女儿们的实物已经很少,即便有也会在这些东西前面冠以"曾"字,曾经是她的闺房,曾经是她学习的地方,这些地方、这些实物不再属于她,而属于这个家族的儿子们,也就是她的兄弟们的财产。

马青霞,尽管是马家最出名的人物,但在马氏庄园里很少有属于她的财产,只是在家族的财产里、在父兄名字下面的财产里,能寻觅到她曾经生活过的痕迹。如此而已。

我们在马氏庄园里,寻觅马青霞的足迹,也只有那座至今依然保存完好的绣楼和读书楼下的西塾。在这里,马青霞度过了她的少女时代。

一、庄园生活

马丕瑶的嫡妻姓李,是安阳县李兆公之女。马丕瑶娶李氏，当在未中举之前。李氏为马丕瑶生了三男二女，即马吉森、马吉樟、马吉梅和马青霞之前的两个姐姐。作为正室，李氏一直没有离开过安阳西蒋村，在马丕瑶外出为官期间，孝敬父母、养育子女、操持家务的重任基本上落在李氏身上。所以在光绪二十三年（1897年）李氏去世后，光绪皇帝亲自诏封她为一品诰命夫人。这是封建时代女性得到的最高奖赏，也算是李氏的人品、德操得到了最高的评价。

在封建时代，有一种惯例，就是朝廷任命的官员一般不在当地做官，为避讳，要到其他地方做官，清代也是如此。同治元年（1862年），马丕瑶中进士后，就被派到太原府任候补知县，直到4年后才正式授予平陆县知县，此后他在山西各地为官有20多年。

在这20多年中，马丕瑶是一人在外，还是有家眷跟随？作为明清时代的惯例，官员外任，如果家中有老人，出于尽孝道，正妻一般不随丈夫外出，要留在家里照顾老人和子女。由此可知，作为马丕瑶嫡妻的李氏没有跟随马丕瑶到山西赴任，跟随马丕瑶到山西赴任的只能是他的偏房。马丕瑶除了嫡妻李氏，还有侧室呼延氏，是河南内黄人。因此，马丕瑶在山西为官期间，很有可能侧室呼延氏长期跟随。

呼延氏就是后来马青霞的亲生母亲，她为马丕瑶生了两个孩子，即四子马吉枢和小女马青霞。马青霞的母亲为人贤惠，温柔端庄，善良诚恳，对子女的教育很严格，所以马青霞在很小的时候就受到母亲的严格教育，母亲的言传身教，对她以后处理家庭关系有很大帮助。

光绪三年（1877年），在西蒋村马氏庄园，一个小生命诞生了，这就是后来在民国历史上声名显赫的一代女杰马青霞。

马青霞出生时，他的父亲马丕瑶从山西永济县知县升任山西解州知州。尽管当时正值山西大旱，马丕瑶忙于赈灾，当听到小女诞生的消息后，还是非常高兴，毕竟也算是老来得女。马青霞虽然不是父亲的正室所生，但在这个传统的家庭里，没有一个人歧视她，反倒是个个娇惯她。

马氏庄园里专门辟有供女孩子读书学习的私塾——西塾。从青少年时代开始，马青霞就跟随哥哥姐姐们在读书楼学习。马丕瑶常年在外，马青霞在青少年时期，很少有机会和父亲长处，受教育的重任基本落在几个兄长和母亲身上，所以从小她就和几个哥哥关系非同一般。

光绪十八年（1892 年），马青霞的奶奶病故，已是广西巡抚的马丕瑶不得不丁忧在家。在这 3 年期间，是马青霞和父亲团聚时间最长的时间，父女俩天天接触，感情日渐深厚。在偌大的马氏庄园里，其他子女都已经成家立业，各忙自己的事情，只有马青霞还是一个少女，这才有机会享受难得的天伦之乐。这时马丕瑶已经过了 60 岁，而马青霞已经 15 岁，俨然成为一个大姑娘。

和父亲的 3 年相处，马青霞学到了很多，尤其是父亲为官一任、造福一方的品德，深深感染着马青霞，她从内心下定决心，要像父亲一样，成为一个对国家、对百姓有用的人。

二、家风熏陶

我们在前面已经讲到，马氏家族是典型的耕读勤家的家族，在这个大家庭里，以马氏家训、马丕瑶《约斋铭》为内容的马氏家风，深深感染着马氏庄园的所有人，马青霞也不例外，生活在庄园里，一言一行、一举一动，都体现着马氏家风印记。

马青霞之所以成为一个受人敬仰的慈善家，与长期在马氏庄园里受到的教育和熏陶有关，这些教育有些是从儒家传统经典得来的，有些是从家训家规中学到的，更多的是从父兄身上学到的。尤其是马丕瑶忧国忧民、正直善良、怜悯慈善的品德和情怀，陶冶了马青霞的性情和品德，她在以后成为受人尊敬的慈善家，与从小就受到的良好的家庭教育有直接的关系。

从宋代范仲淹开始，为了救济家族中贫寒的族人，许多人设立义庄、义学，就是用自己的力量帮助家族中贫穷的族人和资助贫困子弟读书。这种做法始于范仲淹在苏州老家设立的义庄，后被许多官绅效仿，成为民间救助和民间慈善的一部分。

马丕瑶非常敬重范仲淹，对范仲淹设立义庄的壮举非常敬佩。他经常告诫孩子们，要学习范仲淹的德操，多为他人考虑，在自己衣食无忧的时候，还要替那些生活在贫困线上的乡亲和族人想一想。马丕瑶为官以后，有了一定的收入，所以他就效仿范仲淹的做法，"修家庙立塾于旁，诲族之子弟，并仿范氏义庄，以赡其穷，咸有条理"[①]。从此可以看出，在马氏庄园里，马丕瑶效仿范仲淹设私塾，用于教育族人子弟；建义庄，帮助救济族中贫寒人家。

义庄的大门上有马丕瑶亲书的楹联：

万支本是一身，田置鱼鳞，聊赡我亲疏族党。

富贵敢忘微贱，清风鹤俸，先给他鳏寡孤贫。

在马氏义庄，还有一些砖刻楹联：

劳谦惠迪，睦于居常，德厚量深保完家室。

敬让宽简，惟诚所至，慈和勤俭积善降祥。

马丕瑶设义学，建义庄，赡养鳏寡孤贫、亲疏族人的做法深深影响了马青霞，从父亲的身上，马青霞学到了很多，这对她以后办义学、建义庄、修桥铺路、资助学校、捐助革命，甚至将万贯家产捐给国家都有极大的关系。父亲的教导、父亲的品德，让她走上了热心办学、热心慈善的路子。

在马氏家风中，教育子女做老实人、做善良人、读书明理是一条主线，在这样的封建官僚家庭里长大，马青霞善良正直的人格和忧国忧民的品

---

① 李秉衡：《山东巡抚马公神道碑铭》，沈云龙：《近代中国史料丛刊》，文海出版社，1966年。

德的养成自然与马氏家庭教育分不开。在马氏家庭教育中，儒家思想占据主导地位，特别是在为人处世、修身齐家方面，历史上名人的榜样示范成为教育的内容，也成为孩子们学习的榜样。

在马青霞所受的家庭教育中，父亲经常给她讲的故事是东汉杨震的故事，尤其是杨震"四知"的故事对她影响最深。

杨震是东汉著名的儒学大师、官员，人格高尚，让人敬佩。在他担任东莱太守时，曾向朝廷举荐当时的贤能之士王密，后王密被朝廷授予昌邑县令。有一次杨震途经昌邑，王密为报答杨震的举荐之功、知遇之恩，夜晚拜访杨震，并向杨震呈上十斤金子表示感谢。杨震很生气，说：我了解你的人品和才能，才向朝廷推荐你，而你却不了解我，我是为了你的报答才举荐你吗？拒收王密的金子。王密说：深更半夜，没有人知道。杨震说：天知、地知、你知、我知，怎么能说没人知道呢？王密深以为愧。

杨震"四知"的故事，历代都在传说，也是学校教育、家庭教育常用的案例，这个故事对青少年时期的马青霞影响很大，后来成家以后，她把自己的住所起名为"四知堂"，并不是没有缘由，这对她的人格的形成起到了重要作用。

三、深居豪宅慕自由

马青霞的青少年时期正值晚清巨变的时期，"欧风美雨"的东渐，对中国社会产生了重大影响。西方生活方式、西方思潮对中国思想界、知识界的影响越来越深，特别是在沿海大都市广州、上海、天津，乃至北京，西方的生活习俗和生活方式正悄然在中国兴起，尤其是西方女性的生活方式引起了中国新式女性的好奇和模仿。

尽管马青霞生活在内地，安阳更是远离沿海，但父亲在广州为官，所见所闻，也传递给了马青霞。从父亲的描述中，她了解到外面的世界原来如此精彩，激起了她走出小山村、了解世界的想法。

在马氏庄园里，马青霞从小受到的教育还是传统的儒家伦理道德的教育，在父兄的严厉督促下，她学习非常刻苦，系统阅读了儒家的文化典籍。但在家塾读书，女孩子和男孩子所读的书有一定区别，男孩子始读《三字经》《千字文》等蒙童读物，稍大读"四书""五经"，自然是为了科举功名，而女孩子尤其是大家闺秀，除了学习蒙学典籍，诗词歌赋、琴棋书画以及刺绣女红是少不了。此外，传统的"三从四德"教育也是必修的科目。女孩子学习文化知识不是为了求取功名、光宗耀祖，纯粹是为了加强个人修养、知书识礼。马青霞是马家最小的女儿，从小受到父母的疼爱和哥哥姐姐们的爱护，自由之天性没有在这所大庄园里受到压抑。当她成长为大姑娘时，在诗词歌赋、书法绘画方面颇有功底。

从1877年到1894年，马青霞在马氏庄园生活了整整17年。作为官宦千金，她衣食无忧，像其他官宦人家的大小姐一样，生活非常惬意；作为封建官僚家庭里的小姐，她从小就受到传统教育的洗礼，她的言行举止、道德操守依然不出儒家强调的纲常藩篱；作为家庭中最小的女儿，她有机会接受家族文化的熏陶和洗礼，尤其是父亲马丕瑶清正廉洁、一心为国、爱民怜民的品德，深深影响着她，指引着她前行的方向。

女孩子到十五六岁，就到了谈婚论嫁的岁数，也就预示着在娘家的日子快到头了，一种全新的生活将会迎面而来。

西蒋村马氏庄园，是马青霞的出生地，她的生命将属于另外一个地方。但是，马氏家风就像一剂润滑油，时不时给马青霞这台日夜操劳的机器润滑，她的后半生一切的作为都与之有关，这种影响伴随其一生，青少年时代受到的家庭教育，将使其受益无穷。

嫁入豪门

《大清通律》对于男女婚配的年龄有如下规定：男16岁而娶，女14岁而嫁。从我们现在的角度来看，这样的结婚年龄有点早，也就是男孩女孩还未成年，但古代就是这样，历朝历代虽然法律规定男女结婚的年龄不太一样，但基本上都是规定男子18岁之前，女子16岁之前就可完婚。

马青霞在马氏庄园里已经生活了十六七年，到了该嫁人的年龄。但是马家的地位实在太高，在北京皇城可能不算什么，但在河南、安阳，这样有背景的家庭实属少见，没有相应的出身，不是非富即贵，也很难攀上马家的高枝。尽管马青霞的家人心里很着急，但还需等待。

一、窈窕淑女待闺阁

在马氏庄院里，马青霞是马家最小的孩子，之前她的四个哥哥两个姐姐都已经成家。当马青霞长到15岁的时候，已经到了该出阁的年龄，父母开始为她择婿，做出嫁的准备工作。

在中国传统的婚姻上，男女当事人很少有自由选择的余地，尽管晚清时期西方自由恋爱、自由结婚的风气已经在古老的中国大地上开始传播，但真正敢迈出这一步的男女还是少之又少，大多数的男女婚姻还是采取古老的"父母之命，媒妁之言"方式，男女在结婚前不认识、不熟悉，也只有在结婚当天，新娘的红盖头被揭开的那一刹那，才能见到自己终生托付的人是何等模样。

宦门千金马青霞,也在静静等待着这一天,究竟谁会成为马氏庄园的乘龙快婿?

按照常理,马家在当地绝对算是豪门,不知有多少人家想攀上马家这门高枝,但在封建时代,门当户对的观念根深蒂固,没有相匹配的家庭背景,是很难进入马家选择的视野的。在安阳当地,没有合适的人选,为了女儿的后半生幸福,只有把范围进一步扩大,扩大到周边地区,甚至整个河南省。我们从马青霞两个姐姐的夫家可以得到佐证:马青霞的大姐嫁到了安阳当地的汤家,不过那时候马丕瑶还没有发迹,还是山西一个知县;马青霞的二姐嫁到了温县原家,温县原家距离安阳已经有几百里,可见随着马家地位的上升,其子女的婚姻要门户相当,谈何容易。

选择来选择去,真正能适合马家要求的官宦人家还真不多,不得已只好把选择的对象放在河南富家阶层。尉氏县刘家进入了马家的视线。

尉氏县刘家,在晚清是河南首富,其一家的产业占尉氏县大半,故有"刘半县"之称。而在尉氏刘家,有一年轻才俊,21岁,尚未婚配,他就是刘耀德。当时的刘家,有五门,刘耀德独占一门,再加上他这一支数代单传,故他所占的财产占据刘氏财富的五分之一,因此说他是河南首富,一点儿也不为过。

尽管刘家在政治上无法与马家相比,但富裕程度丝毫不亚于马家,甚至超过马家,能和刘家缔结姻缘,也算不错的选择。马丕瑶选择刘耀德作为小女儿的夫婿,肯定是经过一番的考察,家事、人品、德行等方面都站得住脚。

在传统社会,男女的婚姻完全是"父母之命,媒妁之言"。安阳马家和尉氏刘家相距几百里,谁又是他们的月老?由于史料缺乏,我们无法得知,但能和马家、刘家说上话的,绝非一般的媒婆,一定是有一定地位的人,或许是当时河南省的官员,或许是马丕瑶过去的同僚,总之,在某人的撮合下，这门婚事成了。

小女儿的婚事成了，就差最后的迎娶大礼。这套程序走下来后，马丕瑶就算完成了儿女婚配的任务，他可以安心外出为官了。

二、嫁入刘家

光绪二十年（1894年）上半年，马青霞在父母的主持下，挑选了一个良辰吉日，嫁到了尉氏刘家。

马青霞的婚礼应该是很隆重的，一个大清一品官员的千金，一个河南首富的公子哥。但我们无法复制当时的场景，因为史料太少，我们只能想象。从安阳到尉氏几百里，在当时那个时代，一天的行程肯定不够。浩浩荡荡的迎亲队伍、送亲队伍，即便在今天也是很吸人眼球的。

马青霞，在安阳西蒋村马氏庄园生活了17年，终于告别年迈的父母，告别生活了17年的故乡，来到一个陌生的地方，开启她的新生活。

随着迎亲队伍，她挥泪告别父母，向她的后半生的家园走去。

我们查有关文献，包括马青霞自己的文章，都说她18岁嫁入刘家。其实马青霞也就是刚刚度过17岁生日，中国人在计算年龄时，没有太严格的标准，民间又多使用虚岁，17岁刚过，18岁不到，都说18岁。我们知道马青霞生于光绪三年，也就是1877年，嫁入刘家是光绪二十年，即1894年，正好17岁。所以她结婚的实际年龄为17周岁。

尉氏刘家是一个什么样的家庭？马青霞的丈夫刘耀德是一个怎样的人？这关系到马青霞以后的幸福与否，关系到马青霞如何成为一代女杰，所以我们不得不在此做个交代。

尉氏刘家，因为在近现代中国历史上、近现代河南历史上太有名，因而也就有各种不同的版本。

尉氏刘家和安阳马家一样，不是土生土长的豪门，其先世也是源于明初的移民，是典型的移民后代，从山西洪洞移来。

刘家自从山西洪洞移到此地，在有明一代，基本上以耕为生，就是耕种土地的农民。进入清朝，才有人读书考取功名，获得一官半职。据李玉洁《辛亥女革命家刘马青霞评传》一书考证，尉氏刘家八世祖刘致中，在乾隆三年（1738年）考取进士，授直隶大名府道台，刘家自此才开始发迹。刘致中长子刘壮在乾隆三十九年（1774年）任南城兵马司粮马通判，次子刘恒毓于嘉庆十五年（1810年）任湖北督粮道。到了刘家十一世祖刘鸿恩，已是到了晚清，基本和马丕瑶同时代，于道光二十七年（1847年）考中进士，始授知县之职，最后官至陕西布政使。同治三年（1864年）辞官回乡，埋首著作，研究医学。刘鸿恩只是刘家第十一世的佼佼者，做了官，但刘家第十一代还有更多的兄弟、堂兄弟开始搞多种经营，有的为官，有的经商，刘家开始进入鼎盛时期。

在马青霞未嫁入刘家之前，刘家已是富埒王侯，在尉氏县，门前悬有"双千顷"牌，一千顷约10万亩土地，双千顷就是20万亩土地，绝对是头号大地主。除了土地，刘家还经营各种生意，在尉氏县、河南省会开封、南京、北京都有产业，仅钱庄、当铺就有150多个，还有数以百计的各种店铺，刘氏商业做得相当大，就连马青霞也说尉氏刘家"号称素封，驷马高车，声威赫濯"。这句话什么意思呢？就是说尉氏刘家，尽管没有得到皇帝的册封官爵，但刘氏家人所享受到的"驷马高车"的待遇和官宦人家无别，同样声名显赫。

尉氏刘家的产业不是一个人掌握，所有的家产分为五份，也就是从刘致中的五个儿子开始分为五门，每一门占一份。尽管田产、商业活动还是在一起，但财产的分配却是按照五份，这样就会出现问题：哪一门的儿子少，每个儿子分的财产就多；哪一门儿子多，分到每个人头上，财富自然就少。所以，尽管刘氏家族是河南首富，但具体到每一门的每一个刘氏子孙，财富的多寡还是非常明显的。

说来也奇怪，刘氏家族其他四门人丁旺盛，但偏偏刘耀德这一门人丁稀缺，数代单传。像刘鸿恩是刘氏五门之一的后代，考取进士，官居陕西布政使。而作为堂弟的刘耀德之父刘迎恩却没有功名，一生经商，而自己只有一根独苗，给刘耀德留下了偌大的产业，并在刘耀德很小的时候就去世了。

所以到了刘耀德这一代，同辈兄弟多达28个，其他四门都是好几个兄弟分得一份产业，而刘耀德因是独子，一个人分得一份产业。在没有任何变故的时候，五门兄弟不会生隙，相安无事，一旦他这一门有变化，其他四门就会趁机生事。这是后话，但老五门的财产分割方式也为后来的刘氏家族的衰败和各种矛盾埋下伏笔。

在我们了解了尉氏刘家以后，不得不对马青霞的丈夫刘耀德做个交代。

关于刘耀德，坊间传闻很多。或许是为了突出马青霞女革命家、教育家、慈善家的光辉形象，或许是出于对富商巨贾的仇富心态，也或许是想当然地认为富商子弟必定都是奢靡挥霍、骄奢淫逸的败家子，所以在大多数人看来，刘耀德不是一个本分善良、乐善好施的富商，更谈不上是一个对地方有贡献的士绅，和他的妻子马青霞比起来，相差甚远。于是乎，出于对大地主的憎恨，出于对腐败阶级的仇恨，在一些研究文章中、一些影视作品里，刘耀德的形象坏至透顶。让我们不惜笔墨，辑录一些研究者的成果，看看刘耀德究竟是一个什么样的人，"百官楷模"马丕瑶又是如何选这样的人为婿的？

最早研究刘耀德的是尉氏县的于中华，因是本地学者，他可以利用有利条件进行实地调查和实地采访，在他的《刘青霞传》中，刘耀德的形象是这样的：

> 刘青霞的丈夫刘耀德是典型的纨绔子弟，不知读书，他虽以万金捐了一个山西试用道的四品职衔，却从未得到过实补。

他的嗜好除了吸食鸦片烟以外，便是千方百计地炫耀自己家道的昌富，以为荣乐。他扬言："南京到北京，不饮别家水，不宿别家店。"据传，他曾站在开封城头往下面扔包元宝用的金叶子，任人抢拾；在南京游湖时曾站在船头往水里扔银元宝，任人捞取，以寻欢作乐，炫豪夸富。①

因于中华的文章发表于20世纪80年代，那个时候虽然我们国家已经实行改革开放，人们的思想得到解放，可以大胆探索问题，但根深蒂固的思维还是制约了对历史人物客观的评价。再者对于刘耀德的描述，大多是依据采访尉氏县上了年纪的老人所得，口述的历史有多少是可信的，很难说，没有其他史料作为参照，只凭口述和推测是很难还原历史真相。

不过也就在于中华的文章发表后，学术界开始研究马青霞的，这必然要涉及刘耀德。说到刘耀德，众口一词，刘耀德就是一个"不学无术""挥霍无度""吸食鸦片"的纨绔子弟，终日"吃喝嫖赌"的浪荡公子哥，他与马青霞的婚姻很不幸，夫妻关系很不好，等等。

好在社会在不断进步，人们的思想也在不断向前，2012年当李玉洁教授经过多年实地调查、文献整合以及多种手段的研究，刘耀德的真实形象才呈现在人们面前。原来刘耀德并不是那么可恶，他不仅不是一个纨绔子弟、大烟鬼，而且是一个同情革命、乐善好施的善人。

在李玉洁的《辛亥女革命家刘马青霞评传》中，我们终于看到了一个接近于真实的刘耀德：

刘耀德，是尉氏刘家的第十二代。刘家发迹于八世祖刘致中，刘致中有五个儿子，分为五门。刘家从此中兴，或为官，或经商，渐渐成为尉氏县第一大地主，有"刘半县"之称，富埒王侯。刘耀德一门，数代单传，故而在刘氏五门中，最为富有，

---

① 于中华：《刘青霞传》，《尉氏文史资料》（第2辑），1987年。

一人占据整个刘氏家业的五分之一。

刘氏祖上出过不少官员，有的是科考入仕，有的是通过捐银募得一官半职。刘耀德虽然富埒王侯，但为了提高自己的政治身份，花钱买了一个官职——山西观察使。不过这个职位不是实职，是候补官职，有职无权。清代捐官很普遍，有钱人想要一个官职，捐钱就可以办到，钱花多少就得到多大的官职。尽管是虚职，也就够了，相比那些苦读寒窗的贫家子弟来说，不知要幸运多少。作为政治生态，一旦官职可以通过金钱交易，政治黑暗就可想而知，官场腐败也就可想而知，这种现象也只有到封建末世才会出现。

我们没有从有关文献中看出刘氏家风建设方面有多少值得肯定和学习的地方，也的确如此，尉氏刘氏虽然富埒王侯，但刘氏家风却不为人所肯定。想做官可以买，又何必苦读？衣食无忧、纵情淫乐，又何必吃苦磨炼？刘耀德才华一般，亦非刻苦上进的饱学之士，但他绝不是一个纨绔子弟，而是一个善良、富有同情心和乐于助人的富家子弟；他也不是吃喝嫖赌抽的富二代，而是一个慷慨施舍、重义轻财、乐善好施的富商绅士，与族人、乡邻关系甚好。

刘耀德不仅为人极好，待人宽厚，对爱情也是始终如一。自马青霞嫁入刘家后，刘耀德没有像同时代的官宦子弟和富家子弟那样妻妾成群。他还是当时的大善人，修桥筑路是常事，荒年开仓赈粮、散银两更是常态，对于孤贫院更是热心赞助。

三、七年之痒

马青霞嫁到刘家，从此改夫姓，叫刘青霞，也叫刘马青霞、刘马氏。所以在此后的叙述中，我们也照着传统，称马青霞为刘青霞。这不仅仅是尊重传统，也是尊重马青霞本人。在嫁入刘家后，马青霞很少有人再提起，就连马青霞本人也称自己为刘青霞，或者刘马青霞，表示自己是真正的刘家人。

婚后，刘青霞的生活是很幸福的。不仅丈夫刘耀德疼爱她，而且婆婆杨氏也很疼爱她。刘家的生意很大，但基本上都由刘耀德打理。尽管此时的刘耀德不过21岁，但从小耳濡目染，对经商还是驾轻就熟的。由于丈夫在外打理生意，刘青霞和婆婆在尉氏刘家大宅过着

刘青霞塑像

平静而安详的生活，她足不出户，闲暇时养养花、看看书、作诗画画，很是惬意。

从官宦千金华丽转身成为豪门女主人，物质生活比在娘家好很多，但刘青霞从小受家风影响，不改节俭的习惯，物质条件虽然很丰厚，但她依然很俭省，过着朴素的生活。我们从诸多学者的研究中可以了解很多细节，比如盛夏在2006年7月13日《大河报》上写的《河南首富家的"一品命妇"》一文，就透露了这样的细节：刘青霞当时想吃野菜，就让小孩子帮她挖一些，当小孩子把挖的野菜送给她时，作为报酬，她赏给孩子一些水果、衣服，并没有豪门女主人盛气凌人的毛病。

刘青霞自从嫁入豪门后，完全恪守妇道，孝敬婆婆，尊重丈夫，是一个封建时代典型的淑女、贤妇。她和丈夫刘耀德的关系很好，要不然一个富豪娶三妻四妾在那个时代再正常不过，但刘耀德在娶了刘青霞后，没有纳妾，也没有任何富豪的花边新闻，更没有丑闻，他们过着相敬如宾的幸福生活。

在传统社会，女人一旦结婚，最大的期望就是生儿育女。如果能给

夫家生个儿子,也就基本奠定了在夫家的地位,这种地位是任何人也撼动不了的。所以她最大的期望就是尽快生儿育女。

但是不知什么原因,结婚七年,刘青霞始终没有怀上孩子。如果是现在,可以到医院检查,对症下药,甚至还可以通过先进的医学技术,让女人生子的愿望得以实现。但在那个时代,生不了孩子都是女人的过错。一直没有为刘家生个一男半女,或许是刘青霞的心病,从小就熟读《马氏家训》的刘青霞,对家训的内容背得滚瓜烂熟,什么"女正位乎内,男正位乎外。男女正,天地之大义也"。"天地之大义",就包含生儿育女,为夫家接续香火,这是女人的天职。

尽管如此,刘家似乎也没有对刘青霞有任何的怨言,但刘家的压力还是有的,毕竟刘耀德一门数代单传,如果真的生不出儿子来,这么大的家业该如何处置?即便如此,刘青霞和婆婆的关系还是一如既往的融洽,和丈夫刘耀德的关系也还是相当得好,要不然刘耀德早就纳妾了。人们都在期待,希望奇迹能出现。这一等就是七年,奇迹依然没有出现。

四、豪门生变

刘青霞婚后的第七个年头,刘家发生了重大的变故,刘耀德生病了,而且还是很严重的病,刘耀德后背生了一个恶疮。

恶疮,在中医上又称久恶疮、恶毒疮、顽疮。病征主要是脓液多且严重而顽固的外疡,临床特点为病程长,病位深,范围大,难敛难愈。近人也把这种疮称为恶性肿瘤。总之,得了这种病,治愈的希望很渺茫。

刘耀德得了这种病,对刘家来说无疑是五雷轰顶。为了治好病,刘家没少请名医,但在那个时代,还没有哪个医生对这种病能妙手回春。就这样,刘耀德在遭受了数月的病痛折磨后,一命归西。这年,刘耀德才28岁,刘青霞也刚过24岁,她年纪轻轻就成了寡妇。

刘青霞面临的最大问题就是偌大家产的继承问题。在封建时代，如果一个家庭没有子嗣，也就断了香火。为了维持这个家庭的香火，最好的办法就是从家族下一代中挑选一个作为继子。刘耀德一门在刘家老五门中是最富有的，其他四门早就盯上了刘耀德的家产，现在刘耀德死了，又没有儿子，不用刘青霞提出这个问题，刘氏家族也会安排其他子侄过继给刘青霞，延续刘耀德一脉的香火。如果真是这样，刘耀德一门的家产就轻易地被其他四门瓜分，这是刘青霞一万个不情愿的事情。

其实在刘耀德病重的时候，刘耀德、刘青霞夫妇和母亲杨氏已经想好了对策，就是对外诈称刘青霞已经有孕在身，这样可以暂时瞒住刘氏族人。在刘耀德去世以后，刘青霞以照顾省城开封的生意为名，离开尉氏刘家大院，到省城开封暂住。刘青霞到开封暂住是有目的的，一是怕时间长了自己怀孕的事情露馅，二是远离刘氏族人也好想对策，三是在丈夫去世后想换个环境。

当时开封是河南省的省会，也是河南最大的城市和最富有的城市。在开封，刘家的产业很大。在尉氏，刘家最大的产业是刘氏庄园和20万亩良田，而在开封则聚集着刘氏众多的商业网点，刘家在开封有当铺、钱庄和数百个生意网点。开封很多街道、小巷的命名都用刘家的名号，如"刘府胡同""刘家胡同""当铺胡同"。刘青霞来到开封，名义上是照看刘家产业，也无人敢怀疑。就这样在刘耀德去世不久，刘青霞就搬到开封居住了一段时间，但真正的原因只有刘青霞和婆婆杨氏知道，她们诈称怀有遗腹子，来开封是为这个遗腹子而来。

遗腹子是不存在的，但必须让他存在，要不然刘青霞婆媳将会失去全部的产业。

那么，这个遗腹子从何而来？毫无疑问，是抱养别人的孩子。在封建时代，抱养别人的孩子作为继承人一直存在，在"不孝有三，无后为大"观念的影响下，抱养甚至花钱买，也得给自己留个根，给家族续上香火，为自己养老送终。抱养或者花钱买，固然省事，但有一定的风险，万一走漏风声，不仅前功尽弃，而且还有可能给自己带来更大的麻烦。婆媳商量很久，就把领养孩子的目标瞄准了刘耀德的亲姐姐。

很多书上讲，刘耀德数代单传，指的是男人。事实上，刘耀德一共姐弟两人。在刘耀德未成婚前，姐姐已经出嫁，嫁给了开封雷家。雷家在开封也算是一个官宦世家，出过不少官员。刘耀德的姐夫叫雷培株，尽管没有考取进士，但他花钱捐了一个官，刘耀德也曾捐官，不过是候补，一直没有得到实际职位。但雷培株显然比刘耀德要幸运得多，他很快就补了山东道台的空缺，这样他不得不离开开封到山东上任。

雷培株到山东上任，作为嫡妻的刘耀德的姐姐，为了照顾一家老小，是不能随夫前往的，只能留在家里。一场"遗腹子"剧幕就此拉开。

刘耀德姐弟关系当然是很好的，在中国人的家庭观念中，女人出嫁以后虽然成为他姓人，但对娘家的感情一丝也没有减弱，反而越来越浓。只要娘家有事，作为出嫁女也会想办法支援。对于出嫁的女人来说，娘家就是她的靠山。再说娘家就这么一个弟弟，做姐姐的自然一定会关照弟弟。在姐姐出嫁后，刘耀德为了照看省城开封的生意，经常到开封去，姐姐家也是常去的。刘青霞嫁到刘家后，有时候也会时不时地跟随丈夫到开封去，自然也和这个大姑子关系甚密。

自从刘耀德得了恶疮以后，作为姐姐也非常焦虑，当刘耀德病情加重的时候，姐姐更是痛心疾首，却也无可奈何。尤其是看到弟弟没有孩子，这更让姐姐心焦。这个时候，刘耀德这个姐姐已经有孕在身，为了保住娘家的财产和弟弟一家的生活，做姐姐的把自己怀孕的事情告诉了母亲。一个大胆的想法在老太太的脑际浮现，能不能对外假说刘青霞怀孕在身，等数月以后女儿生了孩子，再偷偷把孩子抱过来，谎称是自己的儿媳生子。当她把这个想法告诉女儿、儿子和儿媳以后，大家虽然觉得这不是什么好办法，却也是唯一的办法，只有这样才能保住刘家的财产。

还没有等到刘耀德的姐姐把孩子生下来,刘耀德就一命归西。在安葬刘耀德的同时,刘家对外散出消息,说刘青霞已经有孕在身,这样暂时瞒过了刘氏家族。为了把谎言做圆,在刘耀德去世不久,刘青霞就离开尉氏刘家大院,到省城开封暂住。表面上是散心、照顾刘家在开封的生意,实际上是等待姐姐生子。

开封刘家宅院

过了几个月,刘耀德的姐姐生下一对双胞胎男孩儿。这样在人不知鬼不觉的情况下,就把其中一个男孩儿过继给刘青霞。刘耀德的姐夫雷培株在山东任职,当家书抵达,只知又生了一个男孩儿,自然是高兴。但他不知道,夫人给她生的是双胞胎,至于以后知道事情的真相,那是后话。

就这样,刘青霞名义上有了儿子,刘耀德这一门有了后代。没过多久,刘青霞带着婆母和儿子回到尉氏,按照刘氏家族的字辈给这个儿子取名为刘鼎元。

在刘青霞离开尉氏时,刘氏家族的其他四门也在翘首以待,就看刘青霞生的是什么。如果生的是女孩儿,自然刘耀德一门的财产还是由其他族人来继承;如果生的是男孩儿,也就罢了,只能怨他们福薄。当刘青霞带着儿子刘鼎元回到尉氏,刘家人真是绝望到了极点,他们贪图刘耀德一门财产的希望破灭了。

但刘氏族人还是不死心,尽管他们不愿意承认,却也无可奈何,又没有什么把柄,只能暗地里造谣生事,到处散布刘鼎元不是刘耀德的亲生儿子,不能继承刘耀德的财产。尽管有此流言蜚语,却也没有证据,从此埋下了刘青霞和刘氏族人矛盾的伏笔。

没过几年，刘青霞的婆婆去世，从此刘青霞带着年幼的儿子，扛起了刘家重任。尉氏刘家这艘商业巨船的掌舵人开始落在她的肩上，也开启了刘青霞人生的新的生活。

兴慈善、办教育、助革命、捐家产，使她成为近代中国令人景仰的女中英豪。

刘耀德死后，偌大的家业该如何维持，这是摆在刘青霞面前的大问题。加之儿子幼小，婆婆年老多病，更让人们为这一家孤儿寡母担心。其实对刘青霞来说，寡居、辛苦并不算什么，最要命的是这么大的家业该如何维持。在封建时代，男主外，女主内，结婚的男女是有严格的分工的，这也是《马氏家训》一再强调的，刘青霞对《马氏家训》背得滚瓜烂熟，她自然明白这个家业无论如何不应该由她来挑。虽然此时已经是清末，西方自由平等的空气已飘到中国，尤其是女性应有工作权利、生活权利、教育权利、社交权利开始在一些开明女性中流传，但社会还是很难接受女性抛头露面的行为，即便有些进步女性敢于冲破封建牢笼的束缚，但这样的先进女性毕竟还是少数。

刘耀德死后，这一门再也没有其他成年男性出来挑起家庭的重任，家族生意只能由刘青霞出来打理。

一、"有盈无绌"显才能

刘青霞如何经营遍布各地的生意？当然她不能像男人一样直接在店铺、当铺经营，因为在那个时代女人抛头露面还是不为社会所接受，家族也不允许她直接出面经营。在过去，很多富商巨贾并不直接经营店铺生意，而是聘请店铺掌柜负责经营，有专门的账房先生负责生意款项往来，加之还有刘氏家族其他人在打理，故而刘青霞省却了直接出面经营的麻烦。毕竟这是自家产业，尤其是钱庄、当铺和数以百计的小铺面，如果稍有不慎，必然会亏损。而刘青霞一个年轻寡妇带着年幼的儿子，"综理家务，寝食不遑"，苦心经营，刘氏产业在刘青霞手里竟然井然有序，到年底不仅没有出现亏损，还出现了"有盈无绌"的局面，这初步显示出刘青霞的企业管理能力和经营能力。

刘耀德死后，给刘青霞留下了多少财产？从有关研究者的研究成果中，我们可以初步了解到，刘耀德的遗产主要包括如下几个方面。

首先是尉氏刘氏财产。刘氏家族拥有的土地有千顷，即10万亩。当然这10万亩的土地是刘氏老五门共有的财产，刘耀德独占五分之一，故仅土地就有200顷，即20000亩土地。所以刘青霞从刘耀德手中继承的土地就有20000亩。

在尉氏刘家老宅，也有刘耀德五分之一的财产。刘青霞为了避免与刘氏族人发生冲突，很少回去居住刘氏老宅。她在县城修建住宅一处，取名为"四知堂"，后来更名为"师古堂"。仅"师古堂"就占地12000多平方米，有房300多间，几乎占了当时尉氏县城的大半，故有"刘半县"之名。

其次是开封的刘氏财产。开封是当时河南省的省会，也是刘氏家族商业店铺集中的地方，据有关材料记载，当时在开封的刘氏财产有：桐茂典当铺1处，小店铺三四处，这些都是刘耀德独资店铺，还有公茂典当铺1处，是刘耀德和族人合办的，仅本金就有15万两。

除了店铺生意，在开封还有刘耀德一处住宅，位于今开封刘家胡同。此处住宅为两个左右对称的院落，均为三进四合院。

再次是其他地方的刘氏财产。据后人的口述，刘家当时产业遍及尉氏、开封，还延伸到北京、南京，时有"南京到北京，不饮别家水，不宿别家店"之说，说明刘家在北京、南京等地有地产和店铺生意。

尉氏刘青霞故居

此外，刘家在洧川县还有数百亩土地，在朱仙镇也有一些房产等。

这就是刘耀德留给刘青霞的遗产，如何管理、经营这些财产和生意是摆在刘青霞面前的头等大事。

如果说刘青霞出身小户人家，或者说刘青霞只是一个普通的目不识丁的家庭妇女，经营这样的产业的确是困难重重，也可以说根本无力担起这样的重任，但刘青霞出身显赫，是一品官宦人家的千金小姐，从小就受过良好的家庭教育，在诗词绘画方面还极有天赋，而且马家除是当朝显赫官宦外，还有经商办实业的传统，这些她从小就耳濡目染，对经营产业并不陌生，甚至还相当老练。这些为刘青霞驾轻就熟操办刘氏商业的运营创造了条件，加之她对自家产业的尽心尽力，刘氏产业并没有因为刘耀德的过早离世而凋落，反而在她的手里不断发展壮大。

刘青霞经营刘氏产业的秘诀，主要是勤奋、努力和节俭。我们在1912年11月19日的《自由报》上阅读了她自己写的带有自传性的文章《豫人刘马青霞披露》一文，从中可以看出她在经营产业方面的诀窍。

（她与儿子刘鼎元）相依为命，综理家务，寝食不遑，桐茂典及小铺三四处，既归青霞独立管理，执事者二三百人听指挥焉。公茂典则归族人管理，青霞坐分红利而已。既自夫亡至今十年中，凡属青霞所管理者皆有盈无绌，宁非节衣缩食劳神焦思之所致，而可以侥幸求之乎？青霞上无伯叔，下鲜兄弟，使稍有不慎荡尽无余久矣……青霞一妇人耳，屈指平日碌碌劳劳，淡食粗衣，自奉甚微，而对于家族、对于社会自觉可以告无罪矣。

除了日夜操劳、勤于家事外，凡事谨慎也是她经营家业的秘诀之一。想一想也是，这么大一份家业，又管理着二三百人，经营决策都出自她一人，如果考虑不周，或者决策有误，那必将是灾难性后果。她深明此理，所以在无人可帮助的情况下，只有拼尽自己的一切，小心翼翼管理着各地商业店铺。

精于管理的刘青霞让刘氏家族的非分者断了念头，孤儿寡母的家境在晚清那个时代还是会遭到刘氏家族其他人的欺负和排挤。面对刘氏家族虎视眈眈的贪欲，刘青霞又如何赢得族人的尊敬并保住她在刘家的财产呢？

二、建义庄，周济族人

刘青霞在没有结婚前，就受到兼爱慈悲的教育，尤其是马氏庄园设立的义庄对她产生了极大的影响，看到自己的家庭能够帮助一些穷人，她从内心感到自豪，早就产生也像父兄一样建立义庄帮助穷人的想法。

嫁到刘家后，前几年还沉浸在甜蜜的生活中，也没有条件实施自己的理想。刘耀德去世后，她不得不出来挑起刘家的重担，这才有机会实现她的抱负。

刘青霞非常推崇范仲淹创办义庄的壮举，尤其对范仲淹"好施，予置义庄，里中以赡族人，泛爱乐善"的品德非常敬重，现在自己掌握刘氏一门的巨额家产,她也要像范仲淹一样办义庄,救济族中穷人,以实现自己泛爱乐善、兼济天下的理想。

在丈夫刘耀德死后,刘氏家族的其他四门族人一直窥视着她的家产,为了避免与刘氏族人发生正面的冲突,她搬离尉氏大桥村老宅,投入8万两白银在尉氏县城盖起一座奢华富丽、规模恢宏的三进四合院,取名"师古堂",有房300多间。"师古堂"建好后,她腾出一处小院,有房30多间,专门收养刘氏家族中无依无靠的寡妇,这就是现在仍存在的"寡妇院"。在她看来,寡妇的日子是最难过的,尤其是农村里的寡妇,要么无儿无女,要么被丈夫抛弃,生活艰难。她建立寡妇院,专门收养家族中的寡妇,使她们免于困顿,显示出了她慈悲、怜悯的胸怀。同时她的善举,也博得族人的肯定。

在设立寡妇院的同时,为了安抚刘氏家族,刘青霞明白要想让族人不对自己产生怨恨,还必须拿出钱财为族人做一些善事。在封建时代,维持一个大家族向心力和凝聚力的是祠堂。祠堂是祭祀历代祖宗的地方,也是家族议事的地方。刘氏家族从明朝初年迁到尉氏,原先也建有祠堂,但随着时间推移,原来的祠堂已经年久失修,破败不堪。为了团结刘氏族人,也为了打消其他人对她这一门的觊觎念头,她拿出4万两白银重修刘氏祠堂。重修刘氏祠堂,对刘氏家族来说是一件大事,刘青霞的善举自然也赢得了大多数刘氏族人的拥戴和尊重。

刘氏祠堂建好后,刘青霞为了提高自己在家族中的地位和威望,也出于对家族中鳏寡孤独者的照顾,她又捐出良田1500亩,学范仲淹的做法,办义庄,名为刘氏义庄,田地收入主要资助和救助刘氏家族中年满60岁以上的老人,每人每月可免费领取小麦75斤,并规定每年腊月初八开仓放赈。

在旧时,进入腊月,临近年关,贫穷人家都会为过年发愁,刘青霞为60岁老人发放小麦,不仅解决了这些人的生计问题,也使一家人的过年粮食得到了解决，自然这些义举得到了刘氏家族贫弱族人的敬重和拥护，从某种程度上缓解了刘青霞与刘氏族人的矛盾。

除办义庄、修祠堂、设寡妇院等善举外，刘青霞也非常关注刘氏族人子弟的学习。尉氏刘氏从明初移民到此，经过几百年的发展，到晚清已经发展到有1500余口的大家族。尽管刘耀德祖上五门为官经商，成为大户，但还有其他刘氏族人生活落魄，沦为贫困户，也就是富者愈富，贫者愈贫。像刘耀德等大户人家，为了子弟的学习，建有私塾，聘请名儒，但一般的贫寒人家的子弟就没有这么幸运，他们连生计都成问题，哪有财力请名师，教授子弟？刘青霞在未嫁入刘家之前，父亲马丕瑶在马氏庄园就建有义学，专门为马氏族人的寒门子弟学习提供资助。刘青霞嫁到刘家后，也学父亲的做法，捐出15顷土地建义学一所，专门为刘氏家族寒门子弟服务，规定凡是刘氏家族中无钱读书的孩子，均可进入义学接受启蒙教育，而且是免费的，不收任何费用。刘青霞此举虽说有平息刘氏族人怨恨的成分，但客观上也使许多贫困子弟受到了启蒙教育，体现了刘青霞泛爱助人的精神。

三、乐善好施

刘青霞救助刘氏族人如果说只能算是小爱的话，那么后来她对穷苦百姓的救济、捐钱修桥铺路、灾年赈济百姓就是大爱了，充分体现了她乐善好施的品德。

刘青霞建祠堂、设义学、办义庄、救助孤寡者，这些善举感动了一部分人，更引起了一部分人的怨恨。

刘青霞深知，凭自己一个寡妇的力量很难战胜刘氏族人。在那个女人没有任何地位的社会，虽说凭借自己的能力，刘氏家业得以继续发展，但这么大家业说不准什么时候就会被刘氏族人给夺取，与其这些财产被刘氏族人挥霍殆尽，还不如拿出来做慈善，为乡邻做一些善事，为穷苦百姓做一些好事，为社会做一些贡献。在她看来，个人的挥霍，只是满足个人的欲望，对于整个社会无补。只有救助更多的人，才是正途。正是有了这样的想法，刘青霞顶着压力，顶着闲言碎语，把大量的时间、精力和钱财用于公共慈善事业，尽自己最大的努力为社会奉献自己的力量。

助百姓度年关

农历新年，是中国传统的节日，也是一年中最隆重的节日。即便再穷的人家，也要想尽办法置办年货过一个新年。年关，对富人来说是过年，对穷人来说是过关。在封建社会，由于贫富差距巨大，贫苦百姓最怕过年。刘青霞深知贫穷人家的年关之苦，在建义庄救济刘姓族人的同时，她也把这种关怀和爱心施及周边百姓。在与婆婆商议之后，每年到腊月初八，就贴出告示，告诉周边百姓：这一天刘家开仓放粮，对贫寒人家实行赈济。年关赈济穷人的粮食用不了多少，对刘青霞一家来说不会伤筋动骨，但对贫寒人家来说，解决了大问题，不仅解决了温饱问题，而且也让贫寒人家能欢欢喜喜过个新年。这样的功德、这样的仁爱之心确实值得人们称道。

荒年赈灾

常年靠种地生活的老百姓，最怕的是遇到自然灾害。在那个时代，旱灾、水灾、蝗灾是经常发生的。一旦遇到灾害，老百姓基本上颗粒无收，一家的生计就会陷入困境。卖儿卖女、流离失所、外出逃荒、饿殍遍野是经常看到的惨景。在刘耀德死后不久，刘母受不了打击，很快就卧床不起，不久撒手归西。而此时尉氏遭到严重的荒灾，很多百姓流离失所，拖家带口沿街乞讨，甚是可怜。刘青霞在县城开仓施粥，赈济百姓。每天在刘氏门前，刘青霞雇人支起几口大锅，施粥赈济灾民，时间长达一个月。

在中国历史上，每当遇到灾荒，除了官方赈济外，一些官宦人家、富商巨贾也加入到赈灾的行列，最常见的赈灾方法就是施粥。施粥虽然不能解决温饱，但可以活命。每天两碗稀粥，足以保证不会饿死，度过最艰难的时间段。所以我们从当地史志记载可以看出，在这场荒灾中，刘青霞施粥一个月，的确救活了不少人的性命，尤其是那些鳏寡孤独残疾者，能分得一碗稀粥，也就有了活下去的可能。刘青霞的善举不仅延续了中国古代慈善事业的传统，而且体现了她泛爱众生、兼济天下的高贵品格。

修桥铺路

在中国古代慈善史上，许许多多的慈善家都在尽自己绵薄之力为百姓做好事，为社会做贡献，其中修桥铺路方便百姓是最常见的善举。

刘青霞作为女性慈善家，她也像历史上的慈善家一样，在自己的家乡，尽自己的力量为家乡人民做善事。

据史料记载，光绪二十九年（1903年）夏天，河南发生了一场大水灾，这场洪水冲毁了许昌、开封官道贾鲁河上的一座桥梁，给人们的交通带来极大不便。开封当时是河南省省会，从开封往西到尉氏、许昌等地必经贾鲁河。贾鲁河官道桥梁被毁，给南来北往的客商和行人带来了极大不便。人们到贾鲁河边，因无桥可过，只得坐船摆渡，非常不便。刘青霞看到这种情况，就捐出白银9000两，在开封至尉氏的官道渡口歇马营，修筑石桥一座，极大地方便了南来北往的客商。这座桥修筑了5年，从1904年开始，一直到1908年才完成。在此期间修桥所用的石料从河南襄县、郏县等地运来，修成的新桥长十二丈，宽两丈五，有五孔，因此桥全部用青石修筑，百姓称为"青石桥"。

这座青石桥建筑得非常壮观，不仅雕刻精美，而且桥两边修有石护栏，桥头护栏镶有六个龙头，在桥两头竖有石碑，一头刻着"万善同归"，一头刻着刘青霞亲撰的"无名氏修"。这座石桥建成后，很长时间一直在使用，直到抗战时才被日军炸毁。为了记载这座桥的来历，刘青霞亲自撰写"无名氏修"碑文，表现出一代慈善家高风亮节的情操。其实在很多地方，都有功德碑，碑文多记载对此建筑有贡献的人的名字，目的是为了让后人牢记其功德，但刘青霞并不想让人记住她，在她看来，自己的善举只要能给人们带来方便就可以，没有必要大肆宣扬。但百姓是不会忘记她的，就在这座桥修成后，当地百姓编成歌谣，对刘青霞的善行大加颂扬：

青石桥啊青石桥，宏伟壮观双路道。

刘家贤绩垂青史，万民同济乐逍遥。[①]

[①] 李玉洁：《辛亥女革命家刘马青霞评传》，科学出版社，2012年。

捐资豫学堂

在刘青霞的一生中，有三个身份特别引人注目，一是慈善家，二是教育家，三是革命家。教育家的身份是她积极投身教育事业，为河南近代教育事业的发展、河南女子教育的发展贡献多多。

一、废科举，兴新学

光绪三十一年（1905年），在中国近代史上发生了一件重大的历史事件，科举被废除了。

1905年9月2日，清政府颁上谕："自丙午科为始，所有乡会试一律停止，各省岁、科考试，亦即停止。"① 从隋朝开始，在中国历史上延续了1300年的科举制度，就这样突然结束了。五天以后，上海《时报》发文，盛赞废除科举是"革千年沉痼之积弊，新四海臣民之视听，驱天下人士使各奋其精神才力，咸出于有用之途，所以作人才而兴中国者，其在斯乎"②。随后，传教士林乐知在《万国公报》发表评论："停废科举一事，直取汉唐以后腐败全国之根株，而一朝断绝之，其影响之大，于将来中国前途当有可惊可骇之奇效。"③

为什么说科举被废除是影响很大的历史事件？这还得从科举取士制度说起。只有了解了科举取士

---

① 《光绪朝东华录》（四），中华书局，1958年。
② 1905年9月7日《时报》。
③ ［美］林乐知：《中国教育之前途》，《万国公报》第39册，华文书局影印本。

制度，才能对废除科举、倡兴新学以及后来的辛亥革命、新文化运动有较为系统的了解。

中国古代选举制度，经历了先秦时期的世卿世禄制、汉代的察举制、魏晋时期的九品中正制，到隋炀帝创置进士科，科举制度出现了。唐承隋制，开科取士，考试科目分常科、制科，还有武举。考生有来自国子监、弘文馆、崇文馆或州学、县学的生徒，也有自学成才"投牒自举"的乡贡。选举不仅看考试成绩，也看名门显贵推荐，并兼采时望。它上承两汉魏晋重名重行的察举荐选，下启宋明清以文取士、一考定终身的科举制。

"科举之制始于隋，盛于唐，经宋、元、明、清，至清末方废除。"[1] 隋唐是肇始期，两宋臻于完善，科举制度的黄金时代到来了。取士不问家世，一切以程文为去留，分科取士以进士科为主，制度齐备，充分体现了科举的公平合理精神。

然而进入近代，尤其是鸦片战争后，内忧外患日益严重，特别是1895年甲午战争的失败，丧权辱国的《辛丑条约》的签订，使许多有志之士把中国落后挨打的原因归咎于科举制度。朝野有志者，改革图强，大多发现了科举之弊。像维新派领袖康有为，痛斥科举使国人闭塞愚盲。过去闭关自守，愚弄国之百姓，尚可天下太平；如今海道大开，万国交通，竞逐富强，生死存亡之时，再以科举闭塞民智、窒息人才，亡国灭种，则指日可待。他说："中国之割地败兵也，非他为之，而八股致之也。"[2] 国事危急，他提出了兴办新学、废除科举的主张。梁启超更是明确提出："变法之本，在育人才；人才之兴，在开学校；学校之立，在变科举。而一切要其大成，在变官制。"[3] 经过甲午战争、戊戌变法、新政立宪，科举制似乎已经到了不得不废的地步。

---

[1] 沈任远：《隋唐政治制度》，商务印书馆，1976年，第206页。

[2] 康有为：《请废八股折试帖楷法试士改用策论折》，载《戊戌奏稿》。

[3] 梁启超：《变法通议》。

1905年9月2日,光绪皇帝不得不下诏废除科举。

废科举的目的是立新学,立新学的标志就是建立新式学堂,建立新式学堂的宗旨是接受西式教育,学习现代科学技术和知识,接受科学、民主、自由的新思想。所以1905年废除科举,科场改做学堂,各地新学堂以每年1万所左右的速度增加。

在这种情况下,豫学堂在北京创办,最大的捐款者就是刘青霞。

1905年清政府开始实行废科举、兴新学,北京首开兴新学之风,率先兴办新学堂,之后这股新风蔓延全国各地。兴新学是中国现代教育的开端,是中国学习西方现代大学制度的开始。此时,在北京除建立了几所国立大学之外,也创办了几所有一定规模的学校,像陆军贵胄学堂、译学馆、高等实业学堂等。但是这些学校一般学子是进不去的,如贵胄学堂"专为王公大臣子弟肄武之区,以示优隆而存体制"。可以说,废除科举制后所成立的新学堂基本上为贵族子弟而设立。

科举废除了,全国各地的学子想通过科举入仕的途径基本断绝,所以在京城的各地官员为了培养家乡的子弟,也在京城纷纷成立了各种学堂,如畿辅学堂、齐鲁学堂、湘学堂、蜀学堂、闽学堂、江苏学堂等。畿辅学堂"1906年创建于张之洞的畿辅先哲祠内",即现在北京十四中前身。河南籍在京官员也效仿其他省份的官员,在北京成立豫省旅京学校,即"河南公立旅京豫学堂"。

二、捐银助办豫学堂

创建豫学堂的策划者之一就是刘青霞的二哥马吉樟。马吉樟当时任翰林院侍讲、侍读、日讲、起居注官,是光绪皇帝身边的谋臣,位高权重,由他出面创办豫学堂在情理之中。创办学堂需要经费,就当时各省在北京创办的学堂来看,要么是由主要官员出资创办,如张之洞创办的畿辅学堂，要么是一些官员捐资创办。豫学堂是由旅京的河南籍官员捐资创办。

为了创办豫学堂，在京的河南籍官员印发了募捐公告分发各处，广泛宣传。马吉樟是主要的策划者，为了兴办豫学堂，他首先想到了小妹刘青霞，因为刘青霞虽然是刘耀德遗孀，但她是河南首富的掌门人，最有实力、最有可能捐资创办豫学堂。这一点我们从马吉樟的《益坚壮斋文稿》之《京师河南中学校沿革记》中可知：

> 本校前称豫学堂，地址即嵩云草堂也。有清光绪三十一年乙巳吉樟承乏日讲起居注官翰林侍读，京师已立蜀、湘、赣学堂，次即豫学堂。吉樟劝募女弟尉氏刘朗斋观察耀德之妻一品诰命夫人马青霞倡捐银三万两，同乡京外官捐三万五千两。

从马吉樟的记载来看，为了筹办豫学堂进行的募捐还是很有成效的，仅刘青霞一人就捐了3万两，本来马吉樟只想让妹妹捐2万两，想不到妹妹刘青霞为了支持哥哥的兴学之举，一下子就捐出3万两白银。

除刘青霞外，在京的其他豫籍官员也慷慨解囊，支持创办豫学堂，像身为直隶总督的袁世凯就捐资1万两银子，其他豫籍京官、京外官一共捐了3.5万两，共计7.5万两银子。这就是创办豫学堂的最初经费来源，除日常开支外，剩余的钱存入钱庄，每年提取利息，用作常年经费。

对于刘青霞的鼎力捐助豫学堂的壮举，时人给予很高的评价。1906年12月由河南籍留日学生创办的《豫报》第一号发表了署名《古中原裔》的文章，对当时河南温县富绅原邦用捐1万两银子兴建蚕桑学堂和刘青霞捐3万两银子建豫学堂的事迹进行了报道，文章说：

> 温县的富绅原君邦用，居然将他家中蓄资到蚕桑学堂正正一万两，那学堂就这立定脚跟，日见发达。这样义举是我们河南捐巨金兴学的第一人，实在叫人佩服。后来，北京创办豫学堂时，又有尉氏县刘宅孀妇马氏，把家中遗产正正三万两捐入

豫学堂里，越发叫人佩服。

....

近来中国虽说是风气初开的时代，可是办学的到处皆是，好似初唱黄鹂跃跃欲试的样子，所恐的样子，经济困离、有志莫遂的一道问题了。常见热诚志士想创办一学堂，因学费无出，终归不成，这事是有的。或罗雀投鼠，凑集开办的微款，到后来经费接续不住，弄得半途中止，这事也有的。或是经费将将就此支持下来，要想扩张一扩张，就不能够。于是乎草草办理，敷衍下去，学科、仪器不完全的学校也有的。照这样看来，学堂万没发达的日子，我们中国不是终没有登大舞台上扬一扬国徽那一天了吗？不但是这个，因为创办学堂，那些经费无从筹出，常有就本地方筹办的，那些做八股的老学究，率领愚鲁的乡人就出来抵抗，酿成争端，株连大狱，这又更上一层楼了。倘或各处富豪肯捐些银钱补助学堂，像这样惨剧断断不会演出来的……

当我们中国风气初开，正在办学幼稚时代，有钱的富家翁不肯慨然捐助，袖手旁观，我们中国教育怎能有发达那一天呢？哎！河南全省的地方，除河北蚕桑学堂外，几乎没有一个完全的学堂。学界像这样黑暗，时局像这样累卵，在这学战的世界优胜劣败的时候，真是叫人可怕。全省富豪的家也不算少，且其中大半是席丰履厚，坐享先人遗业的，趁这时候不输捐助学，养成国民独立资格，恐怕这福不能久享吧。西哲有两句话："救将亡的国易，救已亡的国难。"这两句话真叫做铁案难移了。尔不看已亡的印度、越南、波兰、朝鲜等国吗？看起来，这原氏及刘马氏这等热心识时，慨捐以救祖国的人，在我们河南很为难得了。

刘青霞捐银 3 万两开办豫学堂的事迹不仅在北京、河南，甚至已经漂洋过海，在日本的豫籍留学生中产生了重大影响，人们被刘青霞高尚的品德、可贵的精神深深感动。从这篇文章中我们也可以看出，晚清时期全国各地都在办新学、倡教育的时候，河南是何等的落后，和江南诸省差距有多大，偌大的一个河南省只有蚕桑学堂一所现代学校，即便就这一所学校也还是带有职业教育性质的学校，从这个角度我们更能理解北京豫学堂的成立对河南近代教育事业的重要性，毕竟这是一所现代教育的学校。

捐助北京豫学堂，使刘青霞的眼界大开，从此她走上了一条教育救国的现代之路，也使她赢得了天下人的尊重。

三、心系豫学堂

在办学善款解决之后，筹措校址成了头等大事。开始大家商议借用嵩云草堂，谁知引起轩然大波。在京的一些河南籍官员群起反对，主要还是认为西学是"无父无君、禽兽之域"，绝不能在嵩云草堂这样代表中国传统道德、传统学术的殿堂传授西方现代教育知识。这时已经进入 20 世纪初期，中国的一些官员思想还是如此保守，对中国的落后缺乏清醒的认识，闭目塞听，看不到世界潮流，有这样的一些执政者，大清王朝怎么会不衰败、不灭亡？从另一方面我们可以看出，刘青霞虽然蛰居在中原，西方文化较少影响的中国腹地，思想还能如此开放，克服重重困难，毅然捐资兴新学，筹办北京豫学堂，那是何等的气派和胆识。

也难怪有些人反对在嵩云草堂办新学。因为嵩云草堂的前身是"中州乡祠"，是明朝文渊阁大学士高拱（河南新野人）罢相后在京城购置的土地并修建的三间平房，主要是供旅京河南人聚会。到了清朝，工部尚书汤斌（河南睢州人）联合礼部尚书张伯行（河南兰考人）等人在"中州乡祠"对面修建了"洛社"。到了晚清，户部侍郎毛树棠（河南武陟人）和漕运总督袁甲三（河南项城人，袁世凯祖父）等人又购置土地，扩充"中州乡祠"，并在此基础上取名为"嵩云草堂"。难怪有些保守的河南籍官员反对了，这是儒家文化的象征地，是这些旅京河南籍官员抒发情感、忠君死国的圣地，岂能让"无父无君"的夷狄之学占据。

这些人看不到世界形势的发展，看不到中国面临的危局，只能说他们目光短浅，但毕竟还是有人看得远，在马吉樟等人的斡旋下，阐明道理：如果我们不抓紧时间办新学，那么先期办学的学生就会成为我们的老师，我们河南就更缺乏人才了；再说我们办这样的学校，宗旨明确，"不废经学"。在这样的情况下，嵩云草堂就成为豫学堂的办学地址。

嵩云草堂虽然建造宏大，有很多的房间，还有一座两层的大戏楼，院内有亭台山水，但这只是在京城的河南籍官员宴会休闲的地方，平常只服务少数官员，现在改为学校，明显房间不够，马吉樟等人就用捐款购置了一块土地，建了四座高楼作为教室、仪器室、阅读室和教员住所，另购一块地建两座新式的学生公寓、公共厕所和公共澡堂，还在校外购地建操场。经过一番周折，一所现代化的新式学校建成了。

北京豫学堂于光绪三十一年（1905年）秋季开始招生，录取学生150名，中学生100名，分为两个班，另有一个班为简易师范，三个班各50人。在这些学生中，有一部分是旅京河南籍官员的子弟以及客居北京的河南籍学生。

豫学堂是由刘青霞以及河南籍官员捐资兴办的，性质上是公立的，不收学费。开办初期，学校的管理人员，如监督、监学、教务长、庶务长等，由在京的河南籍官员推选出来。所以成立初期，袁世凯因是直隶总督，地位较高，捐款也多，被推选为名誉督办，马吉樟被推选为监督，实则就是校长，负责全校的管理工作。

豫学堂的课程代表了那个时代的特点，主要有11门，即经学、修身、国文、历史、地理、博物（含动物、植物、矿物）、格致（即物理、化学）、数学、外文、图画、体操。从这些课程设置我们可以看出，20世纪初，尽管西方的现代教育理念和教育制度已经被引入我国，但在中学、西学的融合上，还是兼顾的，既有我们传统的儒家文化如经学、修身、国文、历史等，也有西方教育的内容如动植物、物理、化学、数学、体操等，为了和国际接轨，还开设了英文、日语等外文课程，甚至中国人比较陌生的教育学、心理学等课程也在学校开设。在这历史巨变的时代，反映在教育上，中与外、新与旧互相交替，也正如袁世凯一向强调的："经学是我国之粹，学习科学不要忘记了经学。"这种办学理念恰是豫学堂的办学理念，既保存了传统文化不中断，又学习了西方现代文明，增长了知识，培养了具有国际视野的现代人才。

对于豫学堂，刘青霞虽然是主要的出资者和主要的筹办者，但她并没有直接参与其中的管理，不过她对这所学校还是倾注了不少心血，也非常关心这所学校的发展状况。据后人回忆：

> 刘青霞女士在世时，对这个学校极为关心。她每次到北京都要来学校一趟，对教职员给予鼓励，还多次向学校捐款，解决实际困难。学校能维持50多年，是与刘女士的热心赞助分不开的。①

从这些回忆文章中我们可以得知，刘青霞不仅仅在豫学堂筹建之初捐银3万两，而且对豫学堂有深深的感情，在以后的岁月里，她多次到北京，每次到北京都要前往豫学堂，看望师生，并不断向学校捐款，解决学校的实际问题。豫学堂从1905年建立，到宣统年间改为"北京市

---

① 李茂永：《青霞女士与嵩云中学》，《尉氏文史资料》（第2辑），1987年，内刊。

私立河南中学"，很长一段时间，学校的费用都由河南出，而河南出的经费大部分是捐款，其中刘青霞是这所学校主要的捐款者，难怪民国以后刘青霞的儿子刘鼎元曾出任该校校长，想那时的刘鼎元不过是一个乳臭未干的小孩子，何能出任校长，还不是因为刘青霞出力甚多，而自己作为一个女人碍于社会压力不好出头露面，只能让自己的儿子冒名出出风头，实际的贡献者是刘青霞。

北京豫学堂是废科举后河南人办的现代学校，刘青霞能站在一定的高度认识到教育对一个国家振兴的重要性，所以她才不惜花费巨资助学，为河南学子的教育出一份力。事实证明，北京豫学堂正是由于办学经费充足，才有条件聘请一流的教职员，可以说豫学堂是当时京城各省所建的新式学堂中最好的，诚如马吉樟所说："校款存在，经费充足，功课整齐，为京师各省私立学堂第一也。"[①]

豫学堂成立后，确如当时筹办学堂的创始人所希望的那样为国家、为河南培养急需的人才。从有关文献可知，豫学堂自建立以来，的确是"人才辈出"，为国家培养了大批的人才，尤其是很多人从豫学堂毕业后出国留学，为我国新文化事业做出了不朽的贡献，甚至很多人成为某一领域的开拓者。如：

王金吾，河南安阳人。从北京豫学堂毕业后，留学美国，学成回国后在浙江农学院（今浙江大学）农艺系任教，成为我国早期著名的农学家。

徐旭生，河南唐河人。1906年考入豫学堂，豫学堂毕业后，又以公费生留学法国。1919年学成回国，担任河南留学欧美预备学校教授，后任北京大学教授、教务长。

还有不少的豫学堂毕业生，有的参加同盟会，成为推翻清王朝的生力军；有的考入大学，成为大学教授等。

据不完全统计，豫学堂成立以后，培养的学生有2000名，这些人

[①] 马吉樟：《京师河南中学校沿革记》，载《益坚壮斋文稿》下。

在各个领域叱咤风云，都做出了杰出的贡献。北京豫学堂，成为那个时代教育的先锋，刘青霞也因此被很多人认识，并对她热心教育的品德深为敬佩。

从北京豫学堂开始，刘青霞在以后的岁月里，认识到教育对救国救民的重要性，也更激起了她投身教育事业的热情，她的人生履历很多都与教育有关，她的慈善活动也多与教育有关。

清帝封赠

作为一个慈善家，他对社会、对族人、对乡邻的赈济和帮助，并不奢求人们记住他的恩德。一个慈善家如果总想着别人感恩和回报，或者总想着为自己博得美名，名垂千秋，这样的慈善家尽管客观上为社会做出了一定的贡献，但主观的私心杂念会妨碍他的名声。

一个真正的慈善家，从不关心人们是如何评价他，也不希求自己的善举会得到社会的回报。然而社会是不会忘记这些心底无私的善人的，他们为社会做出的贡献，社会会以各种各样的方式加以铭记。

刘青霞，一个25岁就守寡的中原首富的继承者和掌门人，不是为了守护家族的财产而当一个守财奴，在呕心沥血经营家族产业的同时，对社会也倾注了极大的热情。她建义学、办义庄，救助族人；施粥、捐粮，赈济灾民；修桥铺路，方便百姓；捐巨资兴办新学，为国家培养人才。这样的善举，这样的善事，很快就传遍天下，人们都知道河南尉氏有一个叫刘青霞的富有寡妇，对社会做了很多事情，她是一个人人敬仰的善人，她有一副菩萨心肠，她有一颗忠君爱国之心。

刘青霞的名字和事迹被朝廷知道后，为了表彰这样一位人人敬仰的善人，也为了向社会其他人树立榜样，清帝对刘青霞进行了隆重的封赠。作为一个女人，能得到最高统治者的奖赏，应该是当时最高的殊荣。

一、诰封"一品诰命夫人"

在封建时代,女性的封号和赏赐不是谁想封就能封的,也不是谁想赐就能赐的,封号是封建帝王的特权,也只有封建帝王才能给臣下封赐,目的自然是通过一定的物质奖励和精神奖励,来为社会树立标杆、为人们树立学习的榜样,如对那些孝子、节妇的表彰就属于此类;还有一种是对臣下功劳的认可和表彰,通过封赐进一步笼络臣下精忠报国。所以封赐虽然是一种名誉性的奖励,属于精神奖励,但能获得帝王的奖励,也从一个方面说明此人在某一方面有超过常人的地方,值得表彰,值得封赐。

光绪三十二年(1906年),刘青霞获得了有生以来最隆重的封赐,被光绪皇帝诰封为"一品诰命夫人"。

诰命又称诰书,是皇帝封赠官员的专用文书。诰即以上告下的意思。古代官员分为九品,一品至五品的官员称诰,六品至九品称敕。从汉代开始,朝廷重要官员的妻子称夫人,唐、宋、明、清各朝对高官的母亲或妻子加封,称诰命夫人,从高官的品级。诰命夫人跟其丈夫官职有关,有俸禄,没实权。明清时期形成了非常完备的诰封制度,一至五品官员授以诰命,六至九品授以敕命,夫人从夫品级,故世有"诰命夫人"之说。一品诰命夫人是指她的丈夫是一品高官,她是皇封的"一品诰命夫人"。

刘青霞被光绪皇帝封为"一品诰命夫人",这就让人感到奇怪。按照清朝的封赠制度,只有刘青霞的丈夫是一品官员,或者刘青霞的儿子为一品官员,而且他们对朝廷有功,对国家有杰出贡献,才有可能获得这样的殊荣。我们在前面已经了解,刘青霞在未出嫁前,其父马丕瑶身为广东巡抚,是一品大员,所以马丕瑶的正房妻子才获得"一品诰命夫人"的封号,而刘青霞的生母因是马丕瑶的偏房,就没有机会获得这一殊荣。

刘青霞何以获得光绪皇帝的青睐,封为"一品诰命夫人"呢?难道与刘青霞的丈夫有关?刘青霞的丈夫刘耀德贵为河南首富,但政治地位并不高,花钱捐了一个候补官员——山西观察使的虚职,并没有获得实职。即便获得山西观察使实职,顶多也就是四品官衔。刘耀德一直未入职,只是在家经商,而且年纪轻轻就病故,刘青霞想通过丈夫的功劳获得"一品诰命夫人"的封号绝无可能。再说其儿子刘鼎元,那时不过是一个几岁小孩儿,更不可能身居一品高官,也不可能为朝廷立下不朽功劳,值得皇帝嘉奖。

诸种不可能,让人们对光绪皇帝诰封刘青霞为"一品诰命夫人"产生了疑问,刘青霞又以何种方式获得殊荣?其实到了晚清,封建帝制已经进入谢幕状态,各种制度也不太严格,只要是封建统治者认为可以进行奖赏,也就不再严格按照标准,刘青霞"一品诰命夫人"的封号就属此类,即封建统治者认为她所作所为值得全社会学习,值得作为所有人敬仰并成为效仿的楷模,即用封建社会对女性最高的奖励来表彰她的功绩。

刘青霞获得这一殊荣,不是因为她的家庭,而是她所做出的事迹。一个年纪轻轻就守寡的年轻寡妇,恪守妇道,孝敬婆婆,抚养幼儿;尽心家事,操持家业,任劳任怨;热心公益,建义学,办义庄,赈济族人;有一颗善良的心,关心鳏寡孤独者,救济灾民;急人所急,花巨资修桥铺路,方便百姓;热心教育,捐3万两白银助兄筹建豫学堂,为国家培养新式人才。谁能想到,如此善举出自一个寡妇之手,其胸怀和品德足可与七尺男儿比肩,这样的品德不正是社会所需要的吗?不正是社会正能量的体现吗?这样的人不奖励岂不显得当政者无能?

正是刘青霞的善举赢得社会的普遍尊敬,她的事迹甚至传到了日本,在留学生中产生较大的反响,人们认识了刘青霞,刘青霞在当时已经是很有影响力的公众人物。也正是在此情形下,刘青霞的名字和善行震动了朝野，光绪皇帝只不过是抓住时机表彰刘青霞，而他能给刘青霞的最好的荣誉就是封号，而且是最高的封号——"一品诰命夫人"。

二、获赐"乐善好施"匾额

"乐善好施"，这是过去对热衷于慈善的人的一种褒奖。"乐善好施"匾额更是历代封建统治者对民间宅心仁厚、乐于施舍的善人的一种奖励，由当时最高统治者亲赐匾额，对一个人甚至一个家族来说都是莫大的荣誉。如果一个人获得皇帝亲赐的"乐善好施"匾额，会很隆重地请人雕刻成木匾，悬挂在自家最显眼的地方，或者建筑一座牌坊来供放匾额。

刘青霞，晚清尉氏县首富的遗孀，因其热心公益，慷慨救助穷人，事迹被人们所称颂，成为远近闻名的大善人，当然其事迹也引起了最高统治者的注意。尽管此时的清王朝已经到了覆亡的边缘，但作为统治者倡导的主流价值，并没有因为政权的即将覆亡而减退，尤其在人们对大清王朝的统治产生动摇的情况下，清统治者更需要扶持所谓的社会楷模来鼓励士气，来重振人们对大清王朝的信心。

1902年2月8日，《开封简报》刊发了一则消息：

> 尉氏县一品诰命夫人刘马氏，捐一千两充省垣中州公学经费，由司详院奏奖。于上年十二月三十日奉旨准给"乐善好施"以昭激劝。自行制匾悬挂。

也就是说，朝廷有感于刘青霞捐银一千两资助河南省垣中州公学，为了表彰刘青霞的善举，准给她"乐善好施"匾额，不过皇帝只是给了她"乐善好施"的名誉，匾额不由官府制作，由她自己制作。也就是说刘家大院可以悬挂当今皇上许诺的"乐善好施"匾额，这四个字由谁来写，已经不是很重要，肯定不是当今皇帝写。

此时，光绪皇帝刚刚去世，宣统皇帝还是一个三岁小孩儿，当然所有的一切都是宣统小皇帝的生父摄政王载沣所为,目的无外乎几种情形:一是新皇帝刚即位,选择社会正能量的人和事加以表彰,以显示新皇帝对国家治理的希望;二是笼络人心,其中当然也包括在朝中为官的刘青霞的二兄马吉樟,甚至在京城为官的豫籍官员。种种情形我们无法蠡测。

区区一千两银子并不能说明刘青霞所做出的社会贡献,这只是刘青霞热心公益、捐资助学的一个例子。可以说自从刘青霞掌管刘氏产业以来,就对社会公益、慈善事业尽自己最大的努力捐钱捐物,已经成为远近闻名的大慈善家。

刘青霞兼爱天下,是与马氏家风有着一定关系的。其父马丕瑶清正廉直、一心为公,光绪帝赐手书"百官楷模"匾额,其大娘也就是父亲马丕瑶的正房被光绪帝封为"一品诰命夫人",说明马氏家风之纯正。刘青霞从小就受到家风的熏陶,建义学,建义庄,捐巨款办新式学堂,赈济百姓,修桥铺路,她所追求的正是儒家传统倡导的"乐善好施""万善同归"的道德理想。

刘青霞获得最高统治者的褒奖,实至名归,从"一品诰命夫人"到"乐善好施"匾额,证明刘青霞所做的一切得到了社会的认可。

如果说刘青霞蜗居尉氏，或者说困居开封，在经营家族产业的同时，做一些慈善活动，还是传统慈善事业的话，那么她东渡日本，接受新思想，接触同盟会，资助反清刊物，则是另外的一种善举，标志着她从大清王朝的追随者到成为大清王朝的掘墓人，其所从事的慈善事业也开启了一个新的篇章，从一个热心公益的慈善家成为资助革命的爱国者、革命家。

一、晚清掀起的留学狂潮

在中国近代史上，从洋务运动开始，先进的知识分子和洋务派为了挽救日益充满危机的国运，掀起了出国学习西方科学技术和先进文化的浪潮。在出国留学的浪潮中，有两个国家成为那个时代留学生比较爱去的地方，一个是美国，一个是日本。

近代中国，西方国家与中国发生联系最早的是英国。1840年英国用枪炮叩开了中国的大门，逼迫大清王朝，签订了第一个不平等条约——《南京条约》。十几年后又是大英帝国携另一个欧洲强国法国，凭借着先进的武器发动第二次鸦片战争，并打入北京城，火烧圆明园，吓得当朝天子咸丰帝跑到热河避难。

两次鸦片战争的惨败，开启了近代中国以"富国强兵"为目的的洋务运动，借学习西方的先进科学技术兴办近代军事工业，振兴国家。要学习西方

东渡日本谱新章

的先进技术，最主要的是人才，于是出现了近代官办的留学生派遣。19世纪中期的英国，是当时世界上最强大的资本主义国家，也是唯一一个完成工业革命的国家；法国是第二号资本主义强国，仅次于英国，工业革命接近尾声。而美国南北战争刚刚结束，刚驶入资本主义发展的快速道。大清帝国的东邻日本，才开始明治维新运动。

既然要学习西方，在向哪个国家派遣留学生的问题上，大清的官员们陷入了两难。从先进程度来讲，英国、法国是最合适的，但两次鸦片战争让"天朝大国"丢尽了脸面，即便心仪英国和法国，感情上还是难以接受，能够选择的国家只有美国。

所以洋务运动时期，中国第一批小留学生留学的目的地便选择在美国，之后又出现了多批次的幼童留学，目的地还是美国。当然选择美国还有一层关系，1868年大清与美国签订了《中美天津条约续增条约》，又称《蒲安臣条约》，这个条约是中国近代第一个对等的条约，虽然在条约中美国攫取了英、法等国既有的在华利益，但其中关于双方教育的合作引起了洋务派官员的极大兴趣，"嗣后中国人欲入美国大小官学，学习各等文艺，须照相待最优国之人民一体优待"，就这一点足以让中国人体面地选择去美国留学。

在这之后，一连串的事件激起中国人更大的留学热情，除了美国为留学目的地，一衣带水的东邻日本也成了中国人选择留学的目的地。为什么近代中国人选择日本留学？

最直接的原因还是甲午战争以及1894年《马关条约》的签订。

1868年，正值中国洋务运动如火如荼的时候，日本也开启了近代化的政治改革，建立了君主立宪政体。经济上推行"殖产兴业"，学习欧美技术，进行工业化浪潮，并且提倡"文明开化"、社会生活欧洲化，大力发展教育等。这次改革使日本成为亚洲第一个走上工业化道路的国家，逐渐跻身于世界强国之列，是日本近代化的开端，是日本历史上的重要转折点。

明治维新推动了日本社会的进步，使之摆脱了民族危机，从此走上了发展资本主义道路，成为亚洲第一强国。

明治维新使日本走向强国道路，同时也滋生了日本军国主义。1887年，日本政府制定了所谓"清国征讨策略"，即后来的以侵略中国为中心的"大陆政策"。其第一步是攻占台湾，第二步是吞并朝鲜，第三步是进军满蒙，第四步是灭亡中国，第五步是征服亚洲，称霸世界，实现所谓的"八纮一宇"。

甲午战争就是日本实现"大陆政策"前两步的重要环节。

1894年7月，中日之间爆发了甲午战争，日本从两路向中国发难，陆路侵入朝鲜，水路向北洋水师进攻。很快战争的胜负就分明了，中国战败了。不仅李鸿章苦心经营的北洋水师全军覆没，而且一向被中国保护的藩属国朝鲜也落入日本之手，成为日本的殖民地。既然战场上不是人家的对手，战争又不能无休止进行下去，只能谈判解决问题。

战败国和战胜国谈判，条件可想而知。战胜国狮子大开口，战败国只能委曲求全、息事宁人，尽快结束战争状态。1895年，清政府派李鸿章为全权代表赴日本马关谈判，名义上是谈判，其实日本早就起草好了条约，只等着中国代表签个字就行。到了这步田地，李鸿章也只能乖乖在条约上签字。

《马关条约》的主要内容是：朝鲜脱离中国保护完全"自主"，实际上是要求清政府放弃对朝鲜的宗主地位，承认日本对朝鲜的控制；割让辽东半岛、台湾省、澎湖列岛等地（后因俄国反对，辽东半岛由中国以3000万两白银的代价"赎回"）给日本；赔款白银2亿两；允许日本人在中国通商口岸设立各种工厂；开放沙市、重庆、苏州、杭州为通商口岸。

甲午战争的惨败和《马关条约》的签订，对中国人的刺激实在太大，像刘青霞的父亲、广东巡抚马丕瑶就是因为反对签订《马关条约》悲愤而亡。此事对知识分子的刺激更大，除了满怀激情地反对签订条约，更多的是理性思考。"作战上屡屡战败，自信逐渐丧失，崇拜外国的心理，才一天高过一天。"人们都在问：为什么日本短短数年就完成了近代化的历程，从一个小小的落后的岛国一变而成为军事强国、经济强国，能和英、美诸强国平起平坐，原因何在？

有这样想法的人可不仅仅是知识分子，很多地位显赫的官员也有同感，像张之洞就曾说："日本，小国耳，何兴之暴也？伊藤、山县、陆奥诸人，皆二十年前出洋之学生也，愤其国为西洋所胁，率其徒百余人分诣德、法、英诸国，或学政治、工商，或学水陆、兵法，学成而归，用为将相，政事一变，雄视东方。"[①] 终于明白了，日本为什么这么快就强大起来，关键是派人出洋留学，学习西方的科学技术和先进文化。中国要想救亡图存、富国强兵，只有效法日本的做法，"取径于东洋，力胜效速"，所以向日本派遣留学生就成为大家的共识。

为了救亡图存，以康有为、梁启超为代表的读书人开始上书要求改革，要求变法。这就是著名的戊戌变法。1898年6月11日，光绪皇帝下诏变法，在文化上的变法就是废八股、兴西学，创办京师大学堂，设立翻译局，派遣留学生到日本留学。最主要的还是学习西方的科学技术和管理制度，发展资本主义，实行君主立宪，使国家强盛。当然最后戊戌变法失败了，我们不需要探究戊戌变法为何失败，这也不是我们本书所要探讨的主题，但有一点大家都看到了，就是如果想振兴国家，学习西方文化，派人出国考察西方教育制度，派遣留学生出国学习，尤其是派遣留学生到日本学习是大势所趋，是大家的共识。这一点连清政府也意识到了，闭关锁国已经不行，必须有人了解西方、学习西方的科学技术和先进文化才是富国强兵的唯一出路。

---

① 张之洞：《劝学篇》，上海书店出版社，2002年。

戊戌变法失败了,康有为、梁启超等流亡日本,戊戌六君子被杀了头,但变法派的热血唤醒了国人麻醉的心,特别是紧接着八国联军侵华,又一次羞辱了大清王朝的统治者,更唤醒了时人对大清王朝腐败无能的痛恨。面对此如败局,清王朝不得不顺应民意实行改革,其中最重要的一点就是出台了鼓励留学生出国留学的《奖励游学毕业生章程》。

《奖励游学毕业生章程》是1903年颁布的,总共有10条,其中对留学日本的毕业生奖励颇厚,规定:"视所学等差,给以奖励。"

到了1904年,清政府又出台了《考验出洋毕业生章程》,凡8条,这是官方资助的留学。1905年7月公开考试选拔留学生,有14名学生获取到日本留学的资格。清政府不仅给学费,还授举人、进士出身,并授以一定的官职。这是在科举制度被废除的前夜发生的事情,由此可见,尽管当时的一部分知识分子心怀忧国忧民的强烈意识,认识到学习西方先进文化的重要性,但对于一般读书人来说,尤其是对于皇室成员和高官子弟来说,留学还不是他们的首选,对于绝大多数的读书人来说,留学也不是首选,这才有了这么奇怪的现象,出国留学还要朝廷授予进士、举人这样的头衔,并给予相应的官职才去留学。由此可想当时的读书人对留学还是不太感兴趣,还没有科举有吸引力。

对于官办留学生有如此优惠的条件,那么对于自费留学的学生,清政府也给予了相应的奖赏,"凡自备资斧,出洋游学""回国后尤宜破格奖励,立予擢用"。这是何等吸引人。

但对于有强烈的爱国心的青年学子来说,留学海外不完全是看中了清王朝的赏赐,他们把出国留学作为挽救国家危局的途径之一,怀着强烈的爱国情怀,希望走出国门,寻找到摆脱亡国灭种的道路,在他们看来"望中国之日新,必不能不望留学生之日众"。也正如梁启超在《清代学术概论》中所说的"清室衰微益暴露,青年学子,相率求学海外"①。对于大多数留学生来说,他们也是这样认为的,在他们看来"他日立中国强固之根基,建中国伟大之事业,以光辉于二十世纪之历史者,必我留学生也"②。很多留学生还把是否出国留学作为是否爱国的标准。诚如《游学译编》所载的《劝同乡父老遣子弟航洋游学书》所言:"唯游学外洋者,为今日救吾国唯一之方针。"③留学救国,成了时代的呼声。

日本自明治维新后,一跃成为强国,对中国人刺激很大。在很多年轻人看来,日本能够做到,我们为什么不能?加之日本距离中国较近,人种一样,文化相近,文字相似,去日本留学费用较低,所以晚清新政后,大批的中国留学生拥入日本。

晚清第一批留学日本是1896年,当时仅有16人,但到了1903年就猛增至1300人,1904年更是达到2万人之多,仅东京一个地方就聚集了8000多名中国留学生。中国留学生遍及日本的80多所学校。可以说对于近代中国留学生而言,日本成为首选地。

清政府实行新政,派遣留学生并不是出于真心,而是时代使然,不得不做出的一种姿态,也是希望通过派遣留学生来延缓大清王朝衰亡的速度。派遣留学生,清政府总是不放心,所以就有了各国留学生史上最奇葩的一道风景,派出官员到留学国管理这些留学生。

洋务运动时期,中国的第一批幼童留学美国,清政府就是这么干的。尽管当时的小留学生住在当地美国人的家里,衣食住行随美国的习俗,但大清官员总怕他们被西方的思想和生活染坏,每周除了在美国学校上课,还必须抽出一两天的时间到大清驻美国的领事馆或者管理留学生的

---

① 梁启超:《清代学术概论》,上海古籍出版社,1988年,第97页。
② 《清国留学生会馆第五次报告》,转引刘登阁《全球文化风暴》,中国社会科学出版社,2000年,第72页。
③ 《辛亥革命前十年间时论选集》第1卷,上海三联书店,1960年,第361页。

办公地点接受传统的儒家教育，向皇帝叩拜、向孔圣人叩拜，再朗读一些仁义礼智信之类的书籍。

日本留学生也不例外，同样要受到大清官员的管理。但是大清官员怎么也没有想到，环境是会改变人的，尤其是异国新思想和中国传统思想发生碰撞的时候，中国传统思想和文化很快就败下阵来。派遣留学生的初衷是为了振兴国家，为了富国强兵，为了延续大清王朝的命脉，谁能想到清末派遣留学生的确为中国培养了一批人才，但同时也培养了一批大清王朝的掘墓人。在日本留学的很多中国学生，加入了同盟会，成为日后辛亥革命的主力军。

其实当我们回头再审视这段历史的时候，你会发现，从甲午战争以后，日本对中国的影响是多方面的。它可以接纳大量的中国留学生来学习，也可以接纳和大清王朝对着干的人。康梁变法失败，败走的地方是日本；孙中山、黄兴领导的反清的同盟会也是以日本为据点。表面上看起来日本是胸怀广阔的，其实不然，是日本早就定下的国策，为了控制中国，培养亲日人士，培养中国人的亲日感情，以便为它日后掌控中国做准备。这一点日本人也不隐讳，如1898年5月14日，日本驻华公使矢野文雄在给日本外务大臣西德二郎的信中就明言："如果将在日本受感化的中国新人才散布于古老帝国，是为日后树立日本势力于东亚大陆的最佳策略。"[①]

事实上也确实如此，民国以后，在中国发生的多次重大的历史事件中都有日本的身影，尤其是从1931年九一八事变开始的14年中国抗战史，中国人民付出艰苦卓绝的斗争，但我们也不能否认，在日本侵略者面前，却有那么多的汉奸粉墨登场，为日本的侵华尽心尽力，如果细究这些人的背景，或多或少都与有留学日本或者在日本居住一定时间的经历有关。

---

① 王晓秋：《近代中日文化交流史》，中华书局，1992年，第350页。

日本为了在中国培养他们的代言人，进一步掌控中国，在中国获得更大利益，所以对中国留学生也是极力欢迎，甚至不惜派出高官和社会名流频繁到中国，鼓励中国派出大量的留学生到日本。

清末留日学生各省是极不均衡的，从日本记载的清国留学生会馆1903年的资料显示，当时的留日学生主要来自19个省，人数较多的有江苏175人，浙江154人，湖南130人，湖北126人，广东108人，直隶77人，而奉天、山西、陕西、河南、广西、贵州等省留日学生寥寥无几，造成这种局面的原因：一是各省政治、经济文化发展的不平衡性，二是各省地理和个人方面的因素。像河南省，1904年，全省留日学生只有19人，而且大多数还是从其他省派去，自费留学生几乎没有。据1904年《大公报》所载，中国留学日本的学生有1199人，河南只有7人。到了1905年，"汴省大吏派学生120人前往日本游学"；1906年年底，河南籍留日学生有96人；1908年，河南公派留学生92人。

而在清末留学生群体中，女性留学生人数少之又少。虽然在近代受西方文化的影响，西方传教士在中国建立了不少学校，自由、平等、博爱等思想传入中国，传教士也建立了为数不少的女子学校，但受到传统礼教的影响和束缚，女子留学的人数还是屈指可数。但即便在这样的情况下，仍有一些女性敢于冲破封建礼教的束缚，跨出国门，到日本留学，学习新思想、新知识。她们走出国门后，吸收新思想的热情一点儿也不亚于男性，她们对革命的向往一点儿也不比男性差，和许多留学生一样，她们组织女性社团，创办女性报刊，开办女子学堂，为近代中国女性的解放做出了一定的贡献。

在日本留学史上，近代中国女性留学日本一共有三次高潮：一次是1905年，留学日本的女留学生人数有100余人，一部分是官派留学生，一部分是自费留学生；第二次是1907年；第三次是1909年。女子留学日本最早的大多是以伴读身份出现的，跟随父兄或者丈夫出国留学读书，可是说属于临时性的留学。这些女性大多来自东南沿海诸省，而且这些女性大多为名门闺秀，如我们所熟悉的何香凝、秋瑾等，都是当时留日的女性。

青年学子拥入日本，这股浪潮也催生了更多的人到日本，探究日本何以强盛的原因。我们书中的主人公——刘青霞，也是这股浪潮的追随者。走出国门，踏上东瀛，寻求救国的真谛。

正是这次出国，改变了刘青霞的命运，她的身份为之改变，她的思想也发生巨变，她不再是一个封建时代的"贵妇人"，也不再是一个心怀怜悯的大善人，她开始转向革命，开始成为热心新教育、女学教育的革命者、慈善家。

二、游学东瀛

1906年夏天，尉氏刘氏家族的一个年轻后生从日本回国省亲，并专程拜会了刘氏家族的传奇人物刘青霞，这个后生就是留日学生刘恒泰。从家族辈分上来说，刘恒泰辈分较低，他得向刘青霞叫奶奶，尽管此时刘青霞的年龄并不大，只有29岁，大不了刘恒泰几岁。

当然一同拜访刘青霞的不止刘恒泰一人，还有一同在日本留学的尉氏留学生潘祖培、罗文华等。刘恒泰等人之所以秘密拜会刘青霞，除了仰慕刘青霞乐善好施的人品，最主要的还是他们都是热血青年，思想比较进步，同情革命党，追随同盟会，信奉武装推翻清王朝的信条。所以他们听说刘青霞富而不吝啬，热心慈善，拜会她的目的自然是希望她能支持革命党人，为同盟会捐款。

刘青霞除了乐善好施，受家兄马吉樟的影响，对近代新式教育也产生了浓厚的兴趣，捐3万两白银资助北京豫学堂就是最好的例子。一个豫学堂对刘青霞来说远远不够，通过兴办豫学堂使刘青霞思想为之大变，看到了新式教育对中国振兴的重要性，所以她也有心在新式教育上做更多的事情。但憋居在尉氏、开封，外面的新鲜空气很难呼吸到，更别说了解更宽广的世界。刘恒泰等人的造访，使刘青霞有机会向他们了解外面更多的事情。

刘青霞在与刘恒泰等人的交谈中，了解了目前中国所面临的形势，也了解了中国在当今世界上是何等的落后。当刘恒泰等人向她介绍《马关条约》《辛丑条约》的签订对中国造成多大的影响时，激起了刘青霞的满腔悲愤。是啊，中国已经到了这个地步，已经沦落为世界强国碗里的肉，人家想怎么欺负我们就怎样欺负我们，款也赔了，地也割了，关税也被人家掌握着，中国人在洋人面前真的不如狗。

当刘恒泰向她介绍日本的见闻，尤其是日本在明治维新后，学习西方先进文化和科学技术，尤其重视教育投入，大量派遣留学生到世界先进国家学习科学技术，又在国内大力兴办学校，培养合格的人才。短短十几年，日本就迎头赶上，成为和西方强国并驾齐驱的世界强国。中国要想改变现状，就要向日本学习，舍得在教育上投入更多的人力、物力和财力，兴办更多的新式学堂，让更多的青年男女接受教育，只有国民的科学文化素质提高了，才有可能达到富国强兵的目的，中国才不会被人任意欺辱。

刘恒泰等三个留日学生的一席话，对刘青霞触动很大，她决心找个机会一定要出国，到日本看看，了解一下外面的世界究竟怎样。同时，她也希望在教育上有更多的学习，看看日本人是如何发展教育的。

机会终于来了。1906年下半年，身居大清侍读、侍讲、日讲、起居注官的马吉樟，作为光绪皇帝身边的近臣被派往日本管理留日学生的事务。这是一个难得的机会，当刘青霞听说后，马上联系二兄马吉樟，希望和他一起前往日本，开阔眼界，增长见识。

马吉樟和刘青霞虽不是一母兄妹，但作为同父异母的兄妹，两人关系很好。1905年办豫学堂,马吉樟是主要筹办者,他向小妹提出资助的请求,想不到小妹二话没说,一下子就捐出3万两白银,解了办学的燃眉之急,要知道当时共收到捐款7万多两白银,刘青霞一人几乎占了一半。加之马吉樟看到小妹年轻守寡,一个人操持偌大的家产,又要受到刘氏家族的欺负,心里也不是滋味。现在小妹提出到日本看看,他不能驳小妹的面子,很快就帮助刘青霞办理好了去日本考察的一切手续。

1907年年初,刘青霞携带年幼的儿子刘鼎元,坐马车从尉氏老家前往北京。到北京后稍事停留,就和二兄马吉樟以及侄孙刘恒泰等人一起从天津港出发,坐轮船前往日本横滨。

在去日本的旅途中,刘青霞和二兄马吉樟、侄孙刘恒泰交流了很多。作为大清的官员,马吉樟早就耳闻在日本的反清组织同盟会的有关情况,也清楚留日学生很多都是同情同盟会或者就是同盟会会员,更清楚刘青霞接触同盟会会带来什么。但他没有反对,尽管刘恒泰在船上一直在痛陈朝廷的腐败,但当时的时局确实如此,他看到了大清王朝灭亡前的衰兆,但为了国家,为了民族,尤其是作为光绪皇帝身边的红人,加上饱受儒家文化的熏陶,他不可能走上推翻大清的道路,但他并不反对刘青霞接触革命党人,不反对刘青霞接受资产阶级的革命思想。正是他的开明,为刘青霞开辟了人生新的航向,这次东渡日本,考察实业,正是刘青霞人生的一个转折点。

三、参加同盟会

在刘青霞到达日本之前,日本已经成为中国革命党人宣传革命、推翻清朝统治的大本营,而中坚力量就是在日本留学的激进留学生,这些激进留学生很多后来都成为同盟会的得力干将,也成为辛亥革命的组织者和发动者。

当时的留日学生普遍认为:"吾人不远万里,乘长风,破巨浪,离家去国,易苦以甘,津津然来留学于日本者,果何为也哉?留学者数千人,问其志,莫不曰'朝政之不振也,学问之不修也,社会之腐败也,土地之日狭也,强邻之日薄也,吾之所大惧也。吾宁牺牲目前之逸乐,兢兢业业,以求将来永永无暨之幸福,此则吾之大愿也'。"[1] 在留学生看来,之所以来日本就是要"像唐僧取经一样,怀着圣洁而严肃的心情,当时觉得中国应该学习日本,走明治维新那样的路,使中国迅速富强起来"[2]。

当这些留学生和革命派踏上日本国土后,在耳濡目染资本主义文明后,思想发生了根本性的变化,不是通过学习资本主义国家的技术,通过自身努力改变国家贫弱的局面,而是希望通过前所未有的改革,顺应世界潮流的发展变化,进行政治改革。其实政治改革就是要改变中国封建帝制,实行资本主义制度,这触及了清王朝当权者的利益,他们是万万不会答应的。于是,在留日学生中,秘密成立了各种各样的爱国团体,并把矛头直接对准了清王朝。清朝统治者废科举、兴新学、派遣留学生,初衷是延续其统治,但万万没有想到,花费巨资派遣留学生,最终的结果是为自己培养了大批的掘墓人。

面对风起云涌的革命浪潮,清王朝害怕了,他们请求日本政府严格控制中国留学生,这就是1905年年底日本政府颁布的《关于许清国人入学之公私学校之规章》,规定:凡是日本的公私学校接受中国的留学生,必须有大清驻日使馆的介绍信;凡有不良行为的学生必须退学,不能再入学校;入学时必须登记学生的履历;等等。这个规定在中国留学生中引起了轩然大波,8000多名中国留学生总罢课,要求日本政府收回成命,湖南籍留学生陈天华不惜投海自杀,以示抗议。

---

[1] 实藤惠秀:《中国人留学日本史》,三联书店,1983年。

[2] 吴玉章:《辛亥革命》,人民出版社,1961年。

清政府本想通过各种限制来制约留学生中不断滋长的反清思想，谁也想不到这让更多的留学生认清了清政府的罪恶渊薮，也迫使更多的人加入到反清革命的洪流中来。诚如陈天华在《猛回头》中所言："大地沉沦几百秋，烽烟滚滚血横流；伤心细数当时事，同种何人雪此仇。"他们不远万里漂洋过海就是为了寻求救亡图存的出路，当他们意识到不推翻清王朝，就不能赢得国家的民主和进步，不推翻腐败的清王朝，中国就没有希望的时候，暴力革命就成为唯一的手段。

为了宣传革命，留日学生在孙中山等革命者的指导和组织下，纷纷加入同盟会，同时还创办了许多刊物，揭露清政府的腐败，宣传革命。如《民报》《国民报》《浙江潮》《猛回头》《警世钟》《革命军》《中国新女界杂志》《游学译编》《湖北学生界》《中国女报》等报刊在留学生中很有影响，也成为后来辛亥革命的主要宣传阵地。

也就在1905年8月，中国同盟会在日本成立，孙中山被推举为总理，并把"驱除鞑虏，恢复中华，建立民国，平均地权"作为革命纲领，明确提出了要进行革命，推翻清王朝、创建中华民国的政治主张和革命目标。同盟会的成立，点燃了留学生的革命热情，很多留学生纷纷加入同盟会。

1907年年初，当刘青霞一行到达日本横滨的时候，也正是同盟会活动最频繁的时候，像孙中山、黄兴、秋瑾等都在日本，酝酿着更大的革命风暴。

当刘青霞一行到达东京时，她怎么也想不到，关于她游学日本的消息早就在当时的《豫报》上刊登出来。在刘青霞未到日本之前，她已经是名满天下的著名女性，出身高贵——广东巡抚一品大员马丕瑶之女、光绪御前侍读马吉樟之妹，名震中原——中原首富"尉氏刘家"的掌门人，善行乡里——捐资豫学堂、赈济族人乡邻，朝廷旌表楷模——被光绪帝赐封"一品诰命夫人"。她的到来，早就在留学生中引起了轰动，可以说在当时从名气上讲她要比秋瑾、何香凝等人要大得多。这样一个被朝廷标榜为女性楷模的人也到了日本，这对当时在日本读书的留学生是多么大的鼓舞。所以当刘青霞一到东京，河南籍留日学生专门举行了欢迎仪式，并拍照留念。当然刘青霞之所以这么快融入留学生当中，也与她侄孙刘恒泰等留学生的介绍有关系，不是她对留学生有如此好感，也不会这么快就加入留学生的活动中来。

刘青霞是随着兄长马吉樟来日本考察的，马吉樟是朝廷派出的官员，自然被安排在清朝驻日使馆居住，刘青霞却不能住在使馆，只能在东京租房住。在安顿好住所后，她将儿子刘鼎元送往一家幼稚园学习，这样她就有大量的时间进行考察。可以说正是在考察日本的学校教育过程中，她开始接触留日学生，并因此结识了同盟会主要领导人孙中山、黄兴、秋瑾等人。

参观考察对于刘青霞来说，根本不算什么，作为尉氏首富的掌门人，她有的是经费支持，因此在开支上根本没有顾虑，出手阔绰，花费惊人。这自然引起了部分留学生的闲言碎语。诚如我们在上面所提到的，到日本留学的女性，很多出身高贵，不是陪读就是纯粹游历，真正的留学女生还不是很多。鲁迅对此就曾提出批评，讥讽刘青霞等人来日本纯粹是游山玩水。刘青霞闻听鲁迅等人的批评，震动很大，想不到自己的一时好奇竟引起大家的误会，她心有愧意，从此专注于考察日本的教育，并广泛接触留学生，尤其是河南籍留学生成为她结交的主要对象，他们也成为刘青霞思想转变的主要推手。河南籍留学生对刘青霞的思想转变和成长起到了不可低估的作用。

当时在日本留学的河南籍学生，有十几位都是同盟会会员，冯自由的《革命逸史》记载，参加同盟会的河南籍留学生有曾昭文、刘基炎、张钟端、燕斌、刘积学、王庚先等。他们不仅是同盟会成立时的首批会员，而且还是积极的革命者，是革命党人的骨干力量。在此，我们简单介绍几个主要领导者的情况。

曾昭文，河南新县人，1904年由北京练兵处考送日本留学。在日本留学时，参加孙中山领导的兴中会，与孙中山、黄兴等交往甚密。1905年同盟会成立时，他是主要的策划者，并被推举为同盟会书记。

张钟端，河南许昌人。1905年留学日本，参加孙中山领导的同盟会，后任同盟会河南支部负责人，是近代民主革命的奠基人之一。

刘积学，河南新蔡人。1904年到日本留学，1905年加入同盟会，1906年同盟会河南支部成立，曾主持河南支部工作。

王庚先，河南邓州人。1905年由清政府保送到日本师范学堂留学，同年8月参加同盟会，积极从事推翻清政府的革命工作。

燕斌，湖南长沙人，寄籍河南，为数不多的女留学生之一。1905年留学日本早稻田大学，同年参加同盟会，曾任中国留日女学生会书记。

朱炳麟，河南开封人，也是为数不多的女留学生之一。1905年赴日留学，1906年曾代黄兴任同盟会庶务。

这些河南籍留学生都是刘青霞经常拜访的常客，其他如朱珍吾、唐群英等女学生也经常到她的住所拜访。在与这些河南籍留学生的接触中，刘青霞被他们鲜明的革命立场、坚定的革命决心所感动。在这些热血青年的爱国热情感染下，刘青霞的思想迅速转变，她认识到只有革命、只有推翻清政府，中国才有出路，于是她毅然参加了中国同盟会，成为同盟会成员之一。

1907年，刘青霞参加了中国同盟会，开始完成她的人生转变，从过去维护清王朝的"一品诰命夫人"转向推翻清王朝的革命者，在以后的革命历史上，刘青霞的名字和身影开始出现。

加入同盟会，绝不是那么简单，为了显示革命的纯洁性和坚定性，凡是加入同盟会的成员，必须履行一系列手续。据冯自由《革命逸史》记载：凡是参加同盟会者，要履行入会的手续，首先要了解同盟会成员见面时握手的暗号和三种秘密口令，一曰汉人，二曰中国物事，三曰天下事。在与新成员握手礼后，大家会互相道喜，说："为君等庆贺，自今日起，君等已非清朝人矣。"其中最重要的一点就是凡新加入同盟会的，必须亲自填写一份盟约，交同盟会保管，还要向主盟者举手宣誓："驱除鞑虏，恢复中华，创立民国，平均地权，矢信矢忠，有始有卒。有渝此盟，任众处罚。"同时还规定：凡会员入会以后，中途不得退会。

这是现代许多政党入会时的常规做法，宣誓表示自己自愿加入这个组织，愿意为这个组织付出自己的生命，愿意承担这个组织所规定的责任和义务，当然也会保守组织的秘密。我们现在看同盟会早期行为类似秘密组织，其实在当时它就是秘密组织，不敢公开活动，旗帜鲜明地反对当政者，要推翻清政府建立新的政权，自然会受到清政府的迫害，为了组织的生存，不得不采取这种办法。

刘青霞加入了同盟会，自然也就履行了上述的一切手续，从此她把"驱除鞑虏，恢复中华，建立民国，平均地权"当成一生的奋斗目标和毕生追求的理想，这为她日后成为辛亥女杰奠定了基础。

刘青霞不同于一般的留学生，她是游学者，游学日本的目的是将日本的教育体制搬到中国来，为家乡的教育改革寻觅到一条新的路径；加入了同盟会，她就是同盟会的一分子，需要为同盟会的事业尽一份力，所以当同盟会主办的报刊出现经费困难的时候，她毫不犹豫拿出巨资支持革命，支持革命报刊。

四、捐助《河南》

在刘青霞未到日本之前，在日本留学的中国各地学生以及同盟会都创办有各自的报刊，如1903年浙江留日学生创办的《浙江潮》，1903

年湖北留日学生创办的《湖北学生界》，1903年江苏留日学生创办的《江苏》，1907年四川留日学生创办的《四川》，1906年云南留日学生创办的《云南》等。河南的留日学生于1906年创办了《豫报》。

除了各省留学生创办的报刊，同盟会也于1905年创办会刊《民报》。这些报刊大都宣传民主思想，反对英法帝国主义侵略，揭露清政府的贪污腐化，鼓吹革命。同盟会以及各省留学生创办的革命性报刊，引起了清王朝的极大震动，他们以各种借口促使日本政府取缔这些刊物，《民报》于1908年遭到日本警署查封。同盟会会刊遭到查封，并不能消减同盟会和留学生的革命热情，他们进而创办其他刊物，宣传革命。

《河南》杂志

当刘青霞到日本后，积极投身革命活动，尤其是加入同盟会后，更是把宣传革命视为己任，当同盟会机关刊物《民报》被查禁后，同盟会总部决定再办新的刊物，"设言论机关，以传革命种子"①。作为同盟会新的机关刊物，《河南》杂志应运而生。

对于同盟会创办新的革命刊物，过去都沿用辛亥元老、早年参加同盟会的邹鲁在《中国近代史资料丛刊——辛亥革命》的《河南义举》中的观点，即"因《民报》遭清廷查禁，不能向内地输入，议决留日各省同盟会各部筹设言论机关，以传革命种子。于是河南同志遂决定创办《河南》及《女界杂志》二种，并派人往河南省设立书局以便售报及代销新书之用。书局名大河书社，总局设开封"。从这条史料我们可以看出，留日河南籍同盟会创办的《河南》是在同盟会总部机关报纸《民报》遭

---

① 邹鲁：《河南义举》，《中国近代史料丛刊——辛亥革命》，人民出版社，1957年。

日本警署查封后另行创办的。问题是《民报》是1908年10月被查禁的，而《河南》是在1907年12月出版的，时间上对不上，也就是说《河南》是在《民报》查禁前就创刊的，唯一的解释就是在《民报》被查之后，《河南》成为同盟会选定的同盟会总部机关刊物，而不是在《民报》遭查禁后新办的机关刊物。

为什么留日河南学生要办《河南》？这与当时河南留日学生办的另一份刊物有关，即《豫报》。《豫报》创刊于1906年，由河南留日学生创办，目的是"以改良风俗，开通民智，提倡地方自治，唤起国民思想为唯一目的"，办刊宗旨还是启蒙，并未有同盟会所倡导的以革命手段推翻清朝统治的言论。尽管如此，由于《豫报》是河南留日学生创办的最早的刊物，还是得到了河南留日学生的支持。但是随后《豫报》不仅没有向革命派转向，还成为保皇立宪派的言论阵地，尤其是《豫报》刊发了大量代表立宪派观点的文章，大肆鼓吹中国人现在都认为"立宪是国是"。立宪就是君主立宪，要保留皇帝，只有实现立宪，才是中国"强国之根本"，"欲强国而不先立宪，则国家终无巩固可言"。《豫报》渐渐成为保皇派的工具，并与革命派展开论战。

其实在当时，立宪已经不可能在中国实现，康梁领导的戊戌变法实质上就是想在中国实行君主立宪，但还是被清政府镇压了，康有为、梁启超也逃到日本。但他们并没有认清清政府的真实目的，还是一味鼓吹君主立宪。到了1905年，清政府在民主革命浪潮的冲击下，为了挽救摇摇欲坠的政权，被迫实行君主立宪，这样就有了载沣五大朝臣出洋考察"宪政"的举动，并于1906年宣布所谓的"预备立宪"。其实在清政府统治者内心深处还是想维持君主专制，君主立宪不过是迫不得已的办法，所以对孙中山的革命派持否定态度，对康梁的君主立宪也没有什么好感。

作为资产阶级立宪派的鼓吹者，康、梁等人对君主立宪深情满满，对革命派持否定态度，这一点他们和清政府是一致的。但随着形势的发展，君主立宪不是解决中国的唯一手段，只有推翻腐败的清政府，建立共和国才是大势所趋。在这样的情势下，《豫报》还是一味鼓吹君主立宪，并刊发文章反对革命就有点与时脱节。留日河南学生对《豫报》的保皇言论非常不满并表示强烈反对，许多留日学生不再节衣缩食捐资《豫报》，一些革命派学生也离开《豫报》，《豫报》因为得不到留学生的支持，最后不得不停办。

还在《豫报》刊发文章与革命派论战的时候，孙中山就对《豫报》产生了不满，他动员河南留日同盟会成员另外筹办刊物，和《豫报》划清界限。在这样的情况下，《河南》于1907年12月在日本创办。

办刊物是要经费的，过去留日学生所办报刊的经费基本上是大家捐款，如果没有经费来源，办刊物谈何容易。就在留日河南同盟会接受孙中山意见准备办一份宣传革命的刊物《河南》时，正巧刘青霞在日本游学，而且还参加了同盟会。当河南同盟会决议新办一份刊物时，很自然大家首先想到的就是寻求刘青霞的支持，毕竟她是河南首富，再加上她是同盟会会员。当河南同盟会会议决定向刘青霞求款的时候，刘青霞毫不犹豫，慷慨解囊，一下子捐资1.6万大洋作为办刊经费，并对刊物的运营一概不问，而且这是先期支付办刊经费，不够的话可以随时再增加。

刘青霞资助的《河南》，在当时留日学生界产生了重大影响，成为当时留日学生后期创办的杂志中影响最大、"首屈一指"的刊物。《河南》之所以成为当时"首屈一指"的刊物，就在于它旗帜鲜明地反映了辛亥革命前夜河南留日学生反对帝国主义列强瓜分中国，反对腐朽的清王朝，争取民主自由、天赋人权的爱国热情和革命坚定性。

《河南》杂志开宗明义表明了自己的立场，就是无情揭露清王朝的卖国行径，认为之所以造成中国目前被列强欺凌，人民被专制暴政残虐，都是由腐朽的清政府造成的,清政府和中国人民"利益相反,得失相敌,而其不能调和",所以只有推翻清政府才是"第一要义"。

除了推翻清政府,是不是还有其他的办法可行?没有。立宪派倡导的君主立宪在中国根本行不通,原因何在?因为清政府已经成为列强的傀儡,是卖国的政府,是和人民为敌的,人民只有起来推翻它的残酷统治,才是唯一可行的办法。幻想通过变法,通过实行君主立宪来调和矛盾来挽救中国是根本不可能的。

《河南》鲜明的政治立场,使它成为《民报》在1908年被查禁后同盟会主要的喉舌和舆论阵地,其影响力诚如冯自由在《革命逸史》中所说:"留学界以自省名义发行杂志而大放异彩者,是报(指《河南》)实为首屈一指。"而且因为有刘青霞的鼎力支持,《河南》杂志办刊经费充足,吸引了很多留日青年学生纷纷投稿,不仅解决了一些留学生拮据的生活,也培养了一批著名作家。鲁迅就是一个最好的例子,他在日本留学时的一些作品正是得力于《河南》杂志才得以刊发。

刘青霞在日本游学的时候,在参加同盟会积极资助《河南》杂志的时候,绍兴才俊鲁迅当时正在日本仙台一所医学学校读书。鲁迅虽然读的医学,但在他看来医学对中国目前并不是最要紧的事情,在后来出版的《呐喊·序》中,鲁迅坦言:

> 凡是愚弱的国民,即使体格如何健全,如何茁壮,也只能做毫无意义的示众的材料和看客,病死多少是不必以为不幸的。所以我们的第一要著,是在改变他们的精神,而善于改变精神的是,我那时以为当然要推文艺,于是想提倡文艺运动了。在东京的留学生很有学法政理化以至警察工业的,但没有人治文学和美术;可是在冷淡的空气中,也幸而寻到几个同志了,此外又邀集了必须的几个人,商量之后,第一步当然是出杂志,名目是取"新的生命"的意思,因为我们那时大抵带些

复古的倾向，所以只谓之《新生》。

  《新生》的出版之期接近了，但最先就隐去了若干担当文字的人，接着又逃走了资本，结果只剩下不名一钱的三个人。创始时候既已背时，失败时候当然无可告语，而其后却连这三个人也都为各自的运命所驱策，不能在一处纵谈将来的好梦了，这就是我们的并未产生的《新生》的结局。①

在学医的过程中，面对国家如此孱弱，国民如此愚弱，鲁迅的心情是非常苦闷沉寂的，他写了一些文章，表达自己的呐喊，却因《新生》杂志的资金问题而夭折。就在这个时候，刘青霞资助的《河南》杂志出版，鲁迅的几篇文章都借助于《河南》杂志而得以发表，这一点在后人的研究中都得到了证实。任访秋在《鲁迅与河南》一书的序中说：

  鲁迅先生早期的主要论著发表于《河南》杂志……我省流亡东京的革命党人，遍及出版了鼓吹革命的刊物《河南》，鲁迅先生和他的朋友打算提倡文艺运动而写就的论文，竟借《河南》这个刊物而逐一问世了。②

从1907年12月到1908年12月，鲁迅先后在《河南》杂志发表了7篇文章，即《人间之历史》（1907年第一期）、《摩罗诗力说》（1908年第二、三期）、《科学史教篇》（1908年第五期）、《文化偏至论》（1908年第七期）、《裴彖飞诗论》（1908年第七期）、《裴彖飞诗论前记》（1908年第七期）、《破恶声论》（1908年第八期）。原本这些文章是想在《新生》上发表的，不料《新生》"流产"而只能转到《河南》上发表，诚如周作人在后来的论著中说："《新生》没有诞生，但是它的生命却是存在的。因为想在《新生》上说的话，都在《河南》上说了。"③

---

① 鲁迅：《呐喊》自序，人民文学出版社，1973年。
② 任访秋：《鲁迅与河南·序》，河南人民出版社，1981年。
③ 周作人：《鲁迅的青年时代》，河北教育出版社，2002年。

鲁迅题字赠刘青霞

也可以这么说，正是因为刘青霞的鼎力支持，《河南》杂志不存在经费问题得以正常出版，鲁迅本想赋予中国新文学"新生"的愿望，在别的刊物上实现不了，却在《河南》杂志上实现了，从这一点来说，刘青霞资助的《河南》对鲁迅这个文化巨匠的成长功不可没。

除了鲁迅在《河南》杂志上发表文章，许寿裳、周作人等也在《河南》上刊发文章。

到了1908年12月，《河南》杂志共办了9期，日本警署受到清政府驻日公使的请求，下令停刊，报馆所有印章被扣押，总经理张钟端也被扣押数日，同时张钟端的官学学费也被停止。

清政府为什么要请求日本警署查禁《河南》杂志？主要还是因为《河南》杂志"言论过分激烈"，也就是刊物所表现出来的革命性和战斗性，引起了清政府的愤恨和不满。清政府何以不满？主要还是《河南》杂志刊发的大量文章对清政府的腐败进行了揭露和鞭笞。

《河南》虽然只办了9期，只存在了一年左右的时间，但刊物坚定的革命性和爱国热情感染了许多留学生，也成为同盟会机关报《民报》被禁停后的舆论宣传阵地，为辛亥革命的爆发起到了动员和摇旗呐喊的作用，影响巨大。

五、资助《中国新女界杂志》

就在河南留日学生创办《河南》杂志的同时,另一份由留日河南学生创办的刊物《中国新女界杂志》同时诞生。该杂志创办的时间是1907年2月,恰好这个时间也是刘青霞刚到日本的时间,所以有的史料记载该杂志是由河南同盟会会员燕斌、刘青霞创办。

因刘青霞当时刚到日本,还没有加入同盟会,不可能是创办者,可能因为后来她资助了大批钱财来办该刊物,同时也参与了该刊物后来的出版发行,所以就把功劳记在她的头上。

刘青霞是1907年2月才到达日本,1908年年初回国,在这段时间她广泛接触河南籍留日学生,在这个过程中思想发生重大转变,并参加了同盟会。此时孙中山号召留日各省学生兴办报刊宣传革命,在这个时期刘青霞才介入《中国新女界杂志》的工作。

《中国新女界杂志》创刊于1907年2月5日,1907年3月5日出版了第二期,4月5日出版了第三期,5月5日出版了第四期,6月5日出版了第五期,7月5日出版了第六期。在日本该杂志共出版了六期。

在冯自由的《革命逸史·河南志士与革命活动》中,曾有如下记述:

与《河南》杂志先后出版者,尚有河南女同盟会员燕斌、刘青霞所创办《女界杂志》,燕、刘二女士及数同乡任撰述,朱炳麟任发行人,实为留学女界组织女报之先河。

对此问题,李玉洁在她的《辛亥女革命家刘马青霞评传》中做了详尽的考述,认为刘青霞不可能参与《中国新女界杂志》的创办,因为那时她刚到日本,没有赶上《中国新女界杂志》的创办,实际创办者是当时同盟会会员、河南留学生燕斌,刊物的经费主要是当时留日河南学生捐款。因为当时的留日学生一部分是官费生,一部分是自费生,留学费用本就不足，办刊经费更是紧张，都是留学生节衣缩食节省下来的，因此刊物虽然创办了，面临的困难还是很大的。

从第四期开始，游学东京的刘青霞加入了同盟会，为了响应孙中山各省留学生创办革命刊物的号召，在同盟会河南支部的要求下，她开始接触燕斌等人。当她了解到刊物出现经费紧张的时候，毫不犹豫拿出6000多大洋资助办刊。关于这一点，《中国新女界杂志》第四期《本社特别广告》中有明确交代：

《中国新女界杂志》

> 本社杂志自炼石女士燕斌创办以来，颇蒙海内外学界欢迎，销路之广已及五千余册，非出料所能及。惟前因特别事故，以致未能如期出版，迟悮之咎，诚无所讳。兹得河南尉氏县刘女士之赞成，增助资本，以扩社务。现已增聘干事，一切大加改良。

我们从这则广告可知，前三期不能按时出版主要还是经费问题。这也说明，刘青霞在《中国新女界杂志》创办之初已经到了日本，但并未参与其事，要不然也不会存在经费问题，6000多大洋对河南首富来说并不算太多，要知道资助《河南》刘青霞一下子就拿出1.6万大洋。如果刘青霞参与了创刊，也就不存在第四期广告中所说的"得河南尉氏县刘女士之赞成，增助资本"这些话。

刘青霞与《中国新女界杂志》的关系不像她与《河南》杂志那样，仅仅是响应孙中山的号召和留日河南学生的请求加以资助，她是实实在在参与了《中国新女界杂志》的工作。她本身是女性，她来日本的目的就是考察日本的教育，所以当《中国新女界杂志》的办刊宗旨"开通风气，提倡教育"呈现在她面前时，她为之动心，这不正是她一直追求的吗？

随着形势的发展，女性解放成为时代的话题，也成为同盟会反清的一项重要任务，作为同盟会喉舌的《中国新女界杂志》不可能置身事外，也得响应革命号召。从第四期开始，《中国新女界杂志》改版了，从开始的"开通风气，提倡教育"变为"更求进步""体例大加改良"，开始关注妇女解放问题。可以说，从第四期开始，刘青霞不仅向《中国新女界杂志》注入资本，舒解杂志社经费窘迫之局面，而且还亲自参与其中，和燕斌等人一起经办刊物。

《中国新女界杂志》总共出版了六期，前三期刘青霞未参与，从第四期开始，刘青霞才参与。也正是从第四期开始，《中国新女界杂志》面貌大为改观，一改前三期温和的文风，开始以战斗的姿态向清王朝发起猛烈的攻击。如第四期发表的《劝女界节费购铁路股票小启》，力劝女性踊跃购买铁路股票，把购买铁路股票上升到爱国的高度，其中充满了对列强掠夺中国铁路权的憎恨。

刘青霞是在封建家庭成长起来的女性，在清末狂风骤雨的时代，已经意识到妇女的解放对革命的意义，所以她倾心资助《中国新女界杂志》，就是要唤醒女性的解放意识。

《中国新女界杂志》只办了六期，就遭到厄运，被日本警署禁止出版，理由是在这本杂志里刊登有鼓吹妇女革命应以暗杀为手段的文章。近代在日留学的学生主办的很多刊物都面临日本警署的禁止出版，倒不是日本政府害怕这些报刊，而是受到清政府的再三请求，因为大多数在日本创办的革命刊物，除在国外传播外，很多在国内都有发行销售，这些革命刊物抨击清政府的腐败，鼓吹革命，清政府自然不会坐视不管，总是想方设法禁绝这些刊物的出版和传播。

报刊可以禁绝，但思想不能禁绝，刘青霞在日本的活动，使她从一个封建朝廷旌表的女性楷模转变为一个革命者，从此她的人生和过去划清界限，她也走上了革命道路，最终成为辛亥革命中的一代女杰。

慷慨创建新学堂

在日本游学期间，刘青霞不仅参加同盟会，积极投身到推翻清政府的革命事业当中，而且她系统考察了日本的教育制度，了解了振兴国家离不开教育，懂得了教育强则国家强的道理，所以从1908年年初回国以后，她就投身到创办新式学堂的工作中，在家乡尉氏，拿出巨额资金，创建了数所学校，为尉氏县的现代教育做出了极大的贡献，她也成为尉氏县新学教育的创始人和先驱。

一、创办新学堂

1908年年初，游学日本近一年的刘青霞带着年幼的养子刘鼎元从日本回国，结束了她在日本的考察生活。

一年前，刘青霞怀着对日本的好奇随兄长来到日本，她本想出国增长见识，了解一些日本的教育情况，开阔一下眼界，谁知这一年竟给她带来了人生的根本转变。她不仅结识了很多年轻学子，和他们相处，思想为之大开，而且还有幸结识了孙中山、黄兴等革命领袖，在与他们的交往中，刘青霞的思想更是解放。在这些革命者的引导下，她参加了同盟会，从此成为一个革命者。

如果说未到日本前，刘青霞所做的一切都还是一个传统"善人"所做的善举，到了日本以后，她的思想得到进一步升华，她深深懂得，要想唤醒民众，必须大力倡办教育，日本的强国之路就是从教育开始的。抓教育不是传统私塾教育，必须是新式教育，也就是西方现代教育的模式。

从日本回国以后，刘青霞投入巨大的热情在开封、在尉氏兴办新式学校。

早在1901年至1905年期间，清政府迫于压力开始实行新政，史称"清末新政"。清末新政其中一项主要内容就是在各省建立小学堂，这些小学堂不同于传统的学堂教育，是新式的学校。清末河南也遵从清政府的命令，在各地创办了新式小学堂和新式中学堂。1905年随着清政府废除科举、兴新学，河南第一所正规的官办小学堂北仓高等小学堂创办，校址就在当时的省会开封。此后，河南各地相继创办了几所新式学堂，到1907年全省也不过20余所中学堂，在校学生仅有1300余人[1]，很多县连一所初等小学堂都没有，新学教育明显落后南方诸省。

尉氏县在刘青霞游学日本前，新学教育基本上属于空白。在日本考察近一年后，刘青霞对新式教育产生了浓厚的兴趣，回国以后在家乡尉氏县，她投入巨大的时间和精力，兴办新式学校。表面上看，她兴办新学是为刘世家族培养人才，实际上她创办新式学堂的目的还是为了整个家乡。同时，在日本她参加了同盟会，回国以后为了便于开展革命活动，也需要一个合适的身份作掩护，办学校就是最好的掩护。不管出于什么样的目的，刘青霞在尉氏所创办的新式学校，为尉氏新学教育开创了崭新的局面，她也成为尉氏新学教育的开创者。

刘青霞在尉氏兴办的第一所新式学堂是1905年9月成立的尉氏县立第一完全小学。这是一所新式学校，是在清末新政浪潮下尉氏县建立的第一所新式学堂。

尉氏县立第一完全学校，是在扩充尉氏县原有的蓬池书院的基础上开办的新学堂。光绪三十一年（1905年），刘青霞以儿子刘鼎元的名

---

[1] 《河南省志·教育志》，河南人民出版社，1993年。

义捐田地400余亩，折合时银达7200多两，后又捐3000两银子，将蓬池书院改造成高等小学堂，改造校舍，延请教员，作为培养尉氏新式人才的基地。1906年将高等小学堂改为县立第一完全小学校。

细究起来，刘青霞在家乡捐资兴办新式学堂应与捐资3万两白银助兄马吉樟在北京成立豫学堂同步，也就是说刘青霞在捐助豫学堂的同时，意识到兴办新学堂的重要性，所以具有新思想的她开家乡办学之风，兴办新式小学堂，为家乡培养新式人才。

刘青霞毕竟是女流之辈，在传统思想的束缚下，这样造福乡梓的功劳是不能记在她的头上的，年仅3岁的儿子刘鼎元成为名义上的捐助者，这是那个时代的男女不平等的现实反映。新学堂建立起来后，本来就对刘青霞一家资产垂涎三尺的刘氏族人又不失时机出来捞取名义。当时刘氏家族有一个叫刘錤德的族人，因有同知县候选县丞的身份，看到刘青霞捐资兴办了新式小学堂，就厚颜无耻出来邀功，他向当时的地方官上书，恳请官方应该奖励助学有功之人，在他的《尉氏县请县绅资兴学恳乞奏奖以昭激劝禀》中，把刘青霞捐资兴办新式学堂的功劳全部记在刘氏家族身上，记在他的身上，自吹"笃念梓桑，热心兴学，慨捐银地并拨移巨款至一万两以上"，目的是"将刘錤德由同知县候选县丞，奏奖免选本班以知县遇缺先选用"。

或许刘青霞看不惯刘氏家族的丑恶嘴脸，所以在兴办第一所新式小学堂之后，她带着郁闷和不平，恳求兄长带自己游学日本，一则舒缓一下心情，二则也是真实感受一下日本的新式教学，为自己下一步报效乡梓做准备。

二、创办刘氏代用完全小学校

刘青霞在丈夫刘耀德去世后，为了守住偌大的家产，同时还要平息刘氏族人对其家产的觊觎，她不得不在慈善方面有所作为，也就是通过举办家族善举来拉拢部分刘氏族人，赢得他们的好感，以抵消他们对自己生活的骚扰。

为此她捐出15顷土地建立义学一所，资助刘氏家族的子弟读书，这所义学就设在刘氏祠堂内。这所义学在民国以后成为尉氏县较早的新式学堂，取名为"刘氏代用完全小学校"。最初这所学校还是由刘氏家族来办，经费也是由刘氏家族来出，当然学生也是刘氏家族的子弟。名义上经费由刘氏家族来出，实际出资者都是刘青霞一人，刘氏族人只是冒用其名而已。

进入民国以后，这所学校改为公立学校，按理说公立学校所有经费由政府出，但刘氏代用完全小学校的经费县教育局每年只给津贴若干，或者就没有拨付，经费还是由刘青霞捐出的15顷土地收入来支撑。

刘氏代用完全小学校，应该是刘青霞捐资兴办的第一所学校，也是她对教育之于国家、家乡、家族发展重要性的初步认识的体现，更是她迈出教育救国的第一步。

三、创办乙种蚕桑学校

刘青霞在尉氏创办的乙种蚕桑学校，应该是她从日本归国后在家乡创办的第一所新式学校，也是她考察日本教育的结果。

在日本游学期间，刘青霞虽然热衷于政治，但她也明白自己游学日本的目的，就是考察日本各种学校的设立、新式教育的特点和作用。在日本期间，她对日本的职业教育、专门学校产生了浓厚的兴趣，对培养实用人才的教育甚为敬佩，所以她重点考察了这些学校。

1908年年初，她从日本回到尉氏，就开始针对尉氏县的农林生产特点创办相关的学校，她考察了尉氏的农业特点，认为桑蚕业是一个有一定发展前途的产业，既可以帮助乡民快速致富，又可以带动一方的实业兴办，最后她把落脚点放在养殖桑蚕上。

在考察项目后，她开始办桑园，占地30多亩，购置桑树万株种植在桑园里。养殖桑蚕是一项有一定技术要求的工作，为此1910年她向尉氏县政府提出申请，创办乙种桑蚕学校，地址就设在尉氏县原蓬池书院旧址，延请师资，招收学员，专门培养桑蚕养殖和丝蚕职业的专门人才。乙种桑蚕学校因是刘青霞创办，所以办学经费主要由刘青霞出，后来改为官办、半官办，直到1923年停办。

乙种桑蚕学校是刘青霞考察日本教育后在尉氏县创办的第一所专门学校，类似于我们现在的职业技术学校，为当地桑蚕业的发展做出了一定贡献。

四、华英女校的创办

刘青霞在日本期间，很重要的一项工作就是资助、协助出版《中国新女界杂志》，鼓吹女子教育，提倡女性思想解放。对女性的认识从过去的三从四德、贤妻良母转变为鼓动女性身体解放、思想解放，争取与男性一样的教育权利、工作权利，尤其是她加入同盟会以后，更是以极大的热情投入到妇女解放的事业当中。女性教育是她首先考虑的问题，也是女性迈出家门争取到的第一个公平权利。

宣统元年（1909年）二月，在刘青霞的操办下，河南历史上第一所女子私立学校——华英女校在尉氏诞生了。

华英女校的创办，按照刘青霞最初的设想是在尉氏县另辟一块新的地方，建立校舍，可能因时间紧张等缘故，刘青霞放弃了另辟新址建校的设想，将尉氏县西门内一处刘青霞的宅院改建成女校，这所宅院就是刘家的南花园。刘家南花园，是当时尉氏县城最幽静、最优美的地方，鲜花异草、亭榭楼阁、假山流水密布其间，环境优美，非常适合读书。华英女校一共有教室9间，另有学生餐厅、寝室均在这里，是封闭性的学校。这样的条件，在当时应该属于"贵族学校"了。

在校舍准备就绪以后，剩下的就是筹集办学经费、延请教师和制订教学计划。刘青霞是河南首富，经费自然不成问题。按照办学计划，一年招生50名学生，学制四年，这样华英学校开办经费需要1500两，每年需要支出2500两，四年也就是10000两。这些钱对刘青霞来说根本不算什么。在这些基本条件准备就绪以后，就开始延聘教师。

在选择教师上，刘青霞颇下功夫，自己亲力亲为。华英学校虽然是刘青霞创办的，她也是实际的掌管者，但名义校长却不是刘青霞，而是她的儿子刘鼎元。刘鼎元此时也不过6岁，何能承担起办学的重任，但这就是那个时代的特征，女性在家族生活中永远不可能抛头露面。

不过刘青霞从小就接受传统的儒家伦理的教育，对于这些也习惯了，这也可以规避刘氏族人对她的不满。是不是校长，对刘青霞来说真的无所谓，只要华英女校的一切事务由自己管理，按照自己的意见来办就可以。最后，女校共聘请了四位女教师、一名男教师和一名管文书的先生。

刘青霞所聘请的四位女教师，都是她在日本考察期间结识的好友：朱珍吾，湖北人，留日女学生；高山爱子，日本青森县人；另外两位女教师一是无锡的于姓，一是苏州的华姓。尤其是聘请日本女教师高山爱子，这可真是开了先河，在一个内地县级小学，竟能聘请到外国人来任教，也算是当地的一大新闻。刘青霞付给高山爱子的费用是每个月50两银子，这在当时应该是高薪了，目的自然是希望高山爱子把日本先进的教育带入学校。

除了这四位女教师，男教师是刘恒泰，也就是刘青霞的侄孙，留日学生。刘青霞之所以能走出河南，鼓起勇气出国考察，是受到刘恒泰的影响。在日本结识那么多留学生，并加入同盟会，也是受到刘恒泰的影响。

这样的师资队伍，应该是能够代表新学的方向的，这几位教师思想比较进步，对世界教育的前瞻有一定的了解，由他们来教育学生，刘青霞相当满意。

在校舍、资金、教师到位后，女校开始招收学生。1908年2月，第一届学生开始招收。在晚清社会，新式学堂在各地不断涌现，但学生大多数都是男孩子，女孩子入学读书还没有形成风气，更别说专门为女孩子设立的女校了。在一些有钱人家或者官宦人家，女孩子最多也只是读书识字，系统接受新式教育还是会遇到不少的阻力。很多家长本来就对女孩子读书不太热心，更害怕女孩子接受教育以后，思想解放，会变"野"，会学坏，给家庭带来耻辱，所以他们不大情愿让女孩子出来读书，更不愿意让女孩子接受新式教育。

为了吸引学生入学读书，刘青霞在对外宣传时向家长作了如下保证：入学读书的学生全部免费，不收学费；学校免费供给膳食；学校免费供给学生书籍、文具、制服。

为了打消一些家长的顾虑，刘青霞采取一些办法避免女学生和学校男厨师的接触。比如厨师不能进入学校，学生饭菜在校外做好，然后在校园东墙打一个洞，并专门制作一个转桶。桶中间以竖板隔开，一半放饭菜，一半放碗筷。这样厨师做好饭以后，从墙外将饭菜送进来，学生吃完后再将碗筷送出去。这样做在今天看来甚是可笑，但在晚清社会，男女授受不亲，这也是很多家长担心女孩子入校后会和男性接触，出于为孩子安全考虑，不愿意送孩子出来读书的原因。刘青霞作为女性，很清楚家长担心什么，她如此这般，真是煞费苦心。

即便如此，河南很多人家还是不愿意让女孩子到华英女校读书。第一届招50名学生真是费了不少劲。除一小部分是各地开明士绅的女孩子外，同盟会同志的支持发挥了很大的作用。刘青霞在日本游学期间，结识了不少留学生，很多留日学生是同盟会会员，刘青霞和这些留学生既是同志又是朋友，在日本期间她们就在一起办报刊，宣传革命，宣传女性解放，现在刘青霞在家乡办女子学校，他们无条件支持，纷纷把自家的女儿、侄女或者外甥女送到华英学校学习，以实际行动支持刘青霞的新学教育。

在这些同盟会同志和朋友中，值得一提的是朱珍吾，她在日本时就是刘青霞的好朋友，当刘青霞办华英女校的时候，请她出任教师一职，她毫不犹豫同意，从湖北来到河南尉氏协助刘青霞一同办华英女校。为了以实际行动支持华英女校，她特意将侄女朱景班带到学校。

另外还有李锦公，河南商水人，留日学生，同盟会会员。为了支持刘青霞的华英女校，他也把自己的妹妹李淡如送到学校读书。

任芝铭，河南新蔡人，留日学生，同盟会会员，为了支持刘青霞的华英女校，他把自己的两个女儿任馥坤、任锐送到华英女校读书。

就这样，华英女校第一届开学了，学生都是来自各地的女学生。为了显示华英女校和一般的私塾不同，刘青霞特地规定，凡是入校的女学生首先放足。刘青霞提倡新式教育，就是提倡男女平等，提倡身心健康，缠足是愚昧落后的习俗，自然在废除之列。因此她的这一要求，赢得了女性的欢迎，但也遭到了封建恶势力的诋毁。但刘青霞坚持这样做，目的还是从身体上解放女性，增强女性体质，扭转一千多年来的病态审美观。

华英女校的开办，就像春天的一声响雷，引起的震动和反响是可想而知的。在这所小学里，刘青霞考察各地的实际情况，开设了国文、算术、修身、史地等课程，另外也开设体操、编织、刺绣、桑蚕等课程，在教给学生文化课之外，还教给学生健身和适合女孩子以后工作的职业课程，也是从自立上教给孩子们有用的东西。

华英女校从1908年开办，到1911年，坚持了4年，前后一共两届，招收的学生一共90名。尽管由于各种原因，华英女校没有再坚持办下去，但还是为社会、国家培养了一批杰出的女性人才。在以后的革命岁月里，一大批女性活跃在政治、教育舞台上，而她们都是从华英女校走出来的，虽然在华英女校时间不长，但启蒙教育非常重要，新的思想带给她们的人生影响受之不尽。

让我们看一下从华英女校走出来的几个代表人物的人生轨迹。

任锐，革命家任芝铭的二女儿，在华英女校结业后，于1911年参加同盟会，并参加孙炳文组织的暗杀团。辛亥革命后，与孙炳文结婚，之后一起参加革命。夫妻二人后来都参加了中国共产党，1927年孙炳文被国民党杀害，任锐带着孩子继续革命。抗战时期来到延安，从事革命宣传工作。

王修长，1933年前后曾任河南省立开封第六小学校长。

高秀英，曾任河南省立开封女中校长。

高超群，华英女校结业后，在北京、开封任教多年。

华英女校，在河南新学教育上、在妇女解放事业上做出了不朽的贡献。难怪刘青霞在华英女校创办之初，曾满怀希望咏诗一首，以述其志：

莫怜旧时花枝败，但求自由花常开。

愿君不辞劳素手，育得群芳天下栽。

刘青霞的愿望在若干年之后实现了，正是在她的努力下，在封建闭塞的中原大地，一股新风徐徐吹来，带动了河南新式教育的全面发展。在这一点上，刘青霞的功绩值得我们永远缅怀。

五、捐助中州公学、中州女学堂

在尉氏，她投资办了华英女校，但这还不够，她开始把投资教育的基地放在省会开封，决心办更多的新式学校、新式女校，为家乡培养更多的人才。

光绪三十二年（1906年），河南省最早的新学堂——中州公学在开封原明道书院的旧址成立，创办者是当时河南教育总会的会长李时灿。中州公学是清末废除科举后河南创办最早的新学堂，主要是学习法政，类似于我们现在的政法学院，开设的科目主要有本国律例、政治学、行政法、民法、刑法、警察学、监狱学等，年龄在23岁到40岁之间，学费是每人每学期14元银元，伙食费每人每月4元银元。

筹办这样的新式学堂，主要经费来自河南各地乡绅的捐款。1907年身在日本留学的刘青霞听说河南筹办新学堂中州公学，她特地向中州公学筹办方去函一封，表达自己积极支持筹办这样的新式学校的心愿，同时为了表达自己的心意，特地捐款1000两白银，这是刘青霞第一次给中州公学捐款。

中州公学创办后，很快就成为同盟会的秘密活动据点，同盟会河南支部就设在中州公学。中州公学的实际管理者是监督杨源懋，那时的监督实则就是校长，负责学校的日常管理工作。杨源懋也是同盟会会员，所以他聘请的教职员工中有很多就是同盟会会员。有这些思想进步的教师，中州公学自然就成为河南辛亥革命的大本营，许多学生参加了同盟会，积极投身到反帝反封建的斗争中来。刘青霞第一次捐款，不排除受到同盟会的指令，支持这样的进步学校。刘青霞回国后，继续关注和支持中州公学，1909年她再次向中州公学捐款1000两白银。

在资助中州公学的同时，刘青霞对筹办女子学校初衷不改，在她看来，提高国民的文化素质应该从母亲的教育开始，家庭教育是一个人最初的教育，母亲在家庭教育中占有举足轻重的地位，母亲没有文化，孩子就不可能得到良好教育。因此，女学之兴关乎国家的兴衰，也关系到国家之存亡。刘青霞的这些认识，无不得益于她在日本考察教育的结果，所以她把办教育、办女学作为她终生的事业。

1908年，掌管河南教育行政的李时灿在开封租民房创办了河南省第一所女子中等学堂——中州女学堂。由于办学经费短缺，学校一直无法创建。刘青霞得知这一情况后，立即拿出3000两银子作为办学经费，有了这一笔款，中州女学堂终于在开封建立起来。

中州女学堂属于师范性质，并于1908年4月开学，初定额74名。学校下设师范部有学生60名，附设小学有学生40名。学制为四年。师范部设有师范、修身、教育、国文、历史、地理、算学、格致（物理、化学等自然科学）、国画、家事、裁缝、手艺、音乐、体操等。小学课程主要有修身、国文、算术、女红、体操、音乐、国画。从课程设置我们不难看出，中州女学堂既有新式学校教育的内容，也兼顾女学生的性别特点，真正做到了德、智、体、美、劳的兼顾。

中州女学堂是当时河南省最高的女性教育的学府，对河南省女性教育事业的发展产生了重大影响。

六、倾心女子教育

刘青霞对女子教育尤为重视，她不仅在家乡尉氏县创办了华英女校，在河南省省城开封捐资中州女学堂，而且对北京当时成立的几所女校也慷慨解囊。

1907年，清政府颁布了《女子师范学堂章程》，把培养女教师作为当务之急。1908年，京师女子师范学堂成立，刘青霞马上拿出一定数额的银两捐资助学。后来北京女子法政学校成立，刘青霞同样慷慨捐资。

刘青霞热心教育，对女子教育的钟情赢得全省各界的敬仰。当时许多报刊都报道了她的事迹，像1908年3月31日《江汉日报》就报道过她创办华英女校的情况，当时的报道载：

尉氏刘青霞女士去冬曾议在县城创设女学，已志前报。旋

以效仿无从着手，因亲赴北京并东洋调查一切章程，刻已于正
月回尉。女校已定基址在西门外，即日修建堂舍，一俟竣工，
即可开课。

当年的《开封简报》也报道了她创办华英女校的情况，据报道载：

尉氏县一品命妇刘马氏前曾独立创设华英女校，先办初等
一班，颇著成效也。欲开浚知识，养成家庭教育习惯起见，遵
章在该校附近设师范一班，招考学生四十名，定为两年毕业，
刻已开堂授课。

对于捐资创办中州公学、中州女学堂，当时的报纸也给予了报道，如光绪三十三年（1907年）十一月十五日汉口的《公论新报》报道：

尉氏县刘青霞女士，富而不甘为守财虏者也。留学东洋，素
多热心桑梓，日前在汴绅筹办中州公学、中州女学，经费竭蹶，
特来函各捐一千两，以资应用。若刘女士者，诚加人一等矣。

进入民国以后，刘青霞对女子教育的贡献更是引起人们极大地赞誉，各地报刊纷纷撰文给予了很高的评价，如1912年6月5日的《民约报》载：

女士有新学之思想，当前清时代曾留学日本某学校毕业及
归国屡次提倡新学种种，难以枚举。而在本县倡办女子学校，
其内容规约严肃，学科认真，七亩地在为我豫省开通风气，推
广女学，使我女同胞各有自立之能力，久为豫省人民所钦仰。

刘青霞热心教育，钟情女校，热心公益得到了社会各界的敬仰，也在女同胞中引起了极大的震动。在此情况下，河南省拟成立河南女子教育会，目的是"开通女界，扩张女权，普及家庭教育"，由于刘青霞的社会威望而被推选为会长。后因各种原因，女子教育会的活动没有很好开展，但刘青霞的热心赢得了大家的尊重，她也成为河南妇女教育和妇女运动的开创者。

在日本游学考察时，刘青霞参加了同盟会，自此以后她的人生发生了根本性的转变，她开始把推翻清政府建立民国作为自己的奋斗目标。因此以后她参与的一系列活动，都与同盟会组织有极大关系，可以说是组织安排的活动，像在日本资助《河南》《中国新女界杂志》，都是秉承同盟会的命令而为。回国以后，她积极创办学校，利用办学、办书社作掩护，建立辛亥革命起义的秘密据点。投巨款资助辛亥革命，她的身份也从受人尊敬的"命妇"变成受人敬仰的辛亥女杰、杰出的革命家。

一、资助大河书社

早在刘青霞旅日期间，留日豫籍学生在同盟会的领导下，创办报刊，宣传革命思想，号召推翻清王朝，建立资产阶级共和国。这一时期最有名的两种刊物《河南》和《中国新女界杂志》就创办于日本，并且是同盟会河南支部机关刊物。刘青霞对这两种刊物投入了极大的热情，作为同盟会会员，她义无反顾地支持这两种刊物。

在这两种刊物创办后，除了在国外发行，也想方设法在国内设立发行机构，以此推动刊物的发行，唤醒更多民众的革命热情。冯自由在《革命逸史》中说："先是河南同盟分会派同志李锏斋、罗殿卿、刘醒吾等返国，在开封设立大河书社，转为代理《河南》杂志及各种革命书报之机关。豫省各地风气之进步，该书社大有力焉。"邹鲁也在《河南义举》中说："（同盟会总部）派人往河南省设立书局以便售报及代销新书之用，书局名大河书社，总局设开封。"

由此可见，大河书社的设立是同盟会总部派人在河南省会开封设立的宣传革命、销售革命刊物的机构，作为同盟会会员的刘青霞自然会响应同盟会的号召，在各个方面全力支持大河书社。1908年，同盟会会员李锦公放弃在日本留学，回到开封创办大河书社，为了解决大河书社办公场地，刘青霞花费数万两白银，在开封西大街路北买了一栋两层小楼，作为大河书社的办公地点，又拿出数千元，作为大河书社的办公经费。

同盟会创办大河书社，宗旨是"同人慨我豫省教育之不兴，风气之固蔽，冀大输新智，溥饷同胞，爱投巨资，组成斯社。聘定教育名家，编纂东西要籍，其有海内已出名书，亦选厥精华，代为销售"。也正是有刘青霞这样有实力的同盟会会员物质上的支持，大河书社就把主要精力放在销售《河南》《中国新女界杂志》上，不仅在开封设立总销售处，还在京津以及河南许州、郑州、荥阳、巩县（今巩义市）、修武、尉氏、信阳、彰德等地开办分机构。

从日本运回国内的这两种杂志，每期销售数千份甚至上万份，仅河南一地就占了大半，由此可见大河书社在销售这两种杂志方面影响是多么大，这两种杂志也在开启民智、宣传革命方面起到了振聋发聩的作用。

大河书社是启蒙河南人民思想的策源地，《河南》《中国新女界杂志》进入河南后，给沉闷的河南知识界吹进了一股新风，"河南知识界革命思想愈益开发，殆等于南方诸省矣"。

大河书社不仅是同盟会设立的销售革命刊物的机构，同时也是同盟会河南支部设立的秘密机关，在辛亥革命前期起到了举足轻重的作用，刘青霞功不可灭。

大河书社销售革命刊物，暗中联络同盟会会员，秘密起事，做武装推翻清王朝的准备，但还是没有逃脱清政府的迫害和取缔，主要成员李绱斋事先得到消息逃脱，而副经理刘醒吾等人被当局通缉。在得知《河南》《中国新女界杂志》这两种刊物由日本河南留学生所办，清政府派人前往日本逮捕同盟会留学生，不料此事被留学生察觉，所派官员被同盟会会员程克诱至东京郊外暗杀，清政府大为恼怒，在外交斡旋下迫使日本政府取缔了这两种刊物，在开封的大河书社也被当局查封。

面对清政府的疯狂反扑，同盟会会员不顾清政府当局的通缉逮捕，斗争从暗中走向公开，许多留日学生潜回国内，开始秘密发动群众，准备公开以武装反对清政府的腐朽统治。

在暗中准备这一阶段，刘青霞也积极加入其中，她以特殊的身份，暗中支持革命，掩护同盟会同志，并联络各地同盟会成员，做起义前的各种准备。

二、支持辛亥志士张钟端

在刘青霞参加同盟会、支持辛亥革命等一系列活动中，有一个人不能不提，他就是辛亥烈士张钟端。

关于刘青霞和张钟端的关系，过去各种文献记载不一，也就留下了难以分辨的各种说法。因一个是河南首富刘氏家族的掌权者，一个是中国同盟会河南支部的领导人、辛亥革命河南省革命军总司令；再因二人都曾留学日本，都是同盟会会员，同盟会在河南的各种革命活动都留下二人的足迹，于是不少文献记载或多或少夸大了二人的关系。还有一些小说捕风捉影，含沙射影说刘青霞和张钟端有私情，有暧昧关系，这也成为刘氏家族攻击刘青霞的理由。由此看来，刘青霞和张钟端的关系绝非后来才有，应该很早就存在。

张钟端，河南许昌人。1905年考取公费生赴日本东京中央大学留学，专攻法律。到日本不久，就参加孙中山领导的同盟会，积极开展革命活动。1907年河南籍留日学生创办《河南》杂志，他出任总经理，亲自撰文，宣传革命，并邀约鲁迅投稿，以鲜明的反封建反专制立场，进行思想文化批判，鼓吹民主革命。在当时留日学生出版之进步刊物中，《河南》杂志持论最为激烈，销路亦最广，影响也很大。杂志出版至第十期，为清政府所忌，由清驻日本公使请求日本警署厅勒令停刊。张钟端因此事被拘留数天，并被停止官费。后来在旅日女革命志士刘青霞及同学们的热情资助下，张钟端终于完成了学业。

可以说刘青霞和张钟端的结识在日本，刘青霞和张钟端的关系也是同志关系。作为河南人，刘青霞在日本期间主要和这些革命人士相处，也是这些人打开了刘青霞的眼界，是他们介绍刘青霞加入了同盟会，这才有了以后刘青霞资助同盟会报刊、帮助同盟会成员、支持革命的一系列事迹。

但是在很多人的研究中，把刘青霞和张钟端的结识大大提前，甚至不惜笔墨描写刘青霞和张钟端的私人关系。

如有的文章提到，早在1894年张钟端赴省会开封赶考举人，曾病倒在尉氏刘氏门口，幸得刘青霞相救，为其请医救治，病愈后还赠送10两黄金作为盘缠。故事情节很像古代才子佳人的浪漫故事，但事实是这是不可能的，一个新婚不久的女人，在庭院深深的封建大庄园里，基本上大门不出二门不迈，如何能在大雪封门的早上看到一个病倒在自家门口的穷秀才，还出手相救，以此相识。

还有的文章说，刘青霞在寡居期间，心情郁闷。1906年留日学生张钟端等回国探亲，专程拜访刘青霞，给她讲革命道理，激发她出国的热情。

对于这些观点，李玉洁在其《辛亥女革命家刘马青霞评传》中一一进行了辩驳，其结论是之前的说法都站不住脚，刘青霞和张钟端的结识是在日本，也就是刘青霞游学日本期间。

　　为什么会有那么多的关于刘青霞和张钟端的传闻？那就是后来的资料都是根据收集一些人的回忆录，也可以说是口述史。口述的历史在很大程度上有虚假的成分，除非是亲身经历，有些只是道听途说。其实我们现在研究刘青霞，第一手资料还是太少，大多数都是后人的回忆录或者后人进行的采访录。

　　关于刘青霞1894年救助张钟端的历史就出自张钟端的儿子张梦梅的回忆文章，文章说：

> 张钟端15岁那年，从许昌骑驴到省城开封考举人，因禁不住风寒，病倒在尉氏刘家门前，被刘马青霞相救，并为其请医治病。等张钟端病愈，考期已过。刘马青霞十分惋惜，她要写书信一封，劝张钟端到北京找她二哥谋求一官半职，张钟端摇头不答，她又要赠送张钟端十两黄金，作为苦读求进之资，张钟端拒而不收。刘青霞对张钟端人穷而志坚的品格十分敬佩。后来，她趁张钟端外出之际，特地乘坐马车，为张钟端的父母送去两千两白银。①

　　关于1906年留日学生张钟端、刘恒泰等回国探亲时拜访刘青霞，劝其出国游学的有关史料也是出自后人的回忆，或者通过采访与刘青霞同时代的尉氏老人而写成的文章著作。最典型的就是尉氏于中华1987年写成的《刘青霞传》。在此文章中，张钟端成了力劝刘青霞出国考察的功臣，而且在细节描述上，二人不是一次详谈，而是多次会晤。关于这次会晤，于中华文章中有详细的描述：

> 刘马青霞涉足社会的过程中，河南许昌留日学生张钟端，尉氏留日学生刘恒泰、潘祖培、罗文华和青霞次兄马吉樟均起

---

① 屈春山、张欣山：《"血洒东京"的创作过程》，《开封教育学院学报》1992年第4期。

到了不可忽视的作用。张钟端是早期同盟会会员，思想锐进，系日本东京中央大学的留学生。刘恒泰是青霞侄孙，与张钟端交往甚密。在刘恒泰的引荐下，光绪三十二年（1906年）张钟端、刘恒泰、潘祖培、罗文华等四名进步青年趁回国省亲之际，登门拜访青霞，谈及清廷腐败、外强入侵及日本明治维新、女子教育等情况，鼓励青霞亲赴日本考察，以开阔眼界，增长见识，使青霞颇为动心，决心赴日游历。①

也许这是最早的关于刘青霞和张钟端正式交往的记载，后来许多人在研究刘青霞和张钟端时都以此为据。

不管如何，刘青霞与张钟端的交往应该是在日本，这一点不应有任何怀疑。自从刘青霞和张钟端在日本结识后，刘青霞给予张钟端的帮助和支持非常大。

1907年，河南留日学生创办的《河南》杂志因鼓吹民主革命、坚持反清反帝国主义的立场，在清政府的强烈要求下被日本警署厅查封，总经理张钟端被拘留数日，清政府也取消了张钟端公费生的资格，张钟端的生活陷入困难。刘青霞等人不仅多方驰援，营救张钟端，在张钟端出来后，刘青霞还慷慨解囊，出资资助张钟端完成学业。这一点张钟端的后人张梦梅、张兆梅有回忆文章专载此事。

先父于1905年以公费留学日本东京中央大学，专攻法律，时即加入孙中山领导的同盟会，致力于革命活动。1907年与河南留日革命同志创办《河南》杂志任总经理，撰写文章宣传革命。……出版至十期，为清廷所忌，由清驻日公使蔡钧请求日本警署勒令停刊。先父因此事被拘留数天，并被停止官费，赖当时旅日之女革命志士刘青霞及豫籍留日同学多方资助，始完

---

① 于中华：《刘青霞传》，《尉氏文史资料》（二），1987年，内刊。

成学业。①

刘青霞在1908年从日本回国后,为了革命的需要,在南京买了一处房产,名义上是为了"预备组织实业,移治家之精神,以经营之"②,实际上是以此为掩护,在南京居住,便于联系革命党人,开展革命活动。

1911年,张钟端受同盟会指派,从日本回国,准备参加辛亥革命。他第一站就是到南京和刘青霞联系。此时刘青霞的二哥马吉樟已经调任湖北布政使,刘青霞马上联系二哥马吉樟,并推荐张钟端到湖北武昌面见马吉樟,希望马吉樟能安排张钟端一些事情。张钟端到武汉后,马吉樟就安排他做幕僚。其实此时作为朝廷命官的马吉樟,已经知道妹妹在做什么事,张钟端这样一个被清政府通缉的革命者他都敢于掩护,可见此时的马吉樟对清政府已经失去了信心,在革命浪潮风起云涌的时候,他没有站在清政府的立场上竭力维护,而是默默地支持辛亥革命,这或许也是受到妹妹精神的感召吧。

三、支持河南辛亥革命

在刘青霞的鼎力支持下,张钟端在武昌马吉樟的手下做了幕僚。

1911年10月10日,武昌起义爆发。张钟端在武昌起义时被任命为起义军参谋长。革命成功后,张钟端带着黎元洪写给河南协统应龙翔的劝其起义的密函回到开封。

此时河南形势根本不能与南方诸省相比,当武昌起义的消息传到河南后,清政府加强了对河南的控制。清政府也明白,如果地处中原的河南像南方诸省一样发动起义,脱离清政府控制,将会起到连锁效应,清政府的覆灭也就无可挽回了。所以时任河南巡抚的宝棻首先控制了应龙

---

① 张梦梅、张兆梅:《怀念双亲》,《河南文史资料》(六),1981年。
② 刘马青霞:《豫人刘马青霞披露》,《自由报》1912年11月17日。

翔，并解除了他的兵权，又令张锡元率领第58标清兵南下布防，严防革命军北上。

当张钟端回到河南后，原来准备起义的工作陷入瘫痪，张钟端不得不重新发动河南起义。1911年10月10日，武昌起义的消息传到河南后，同盟会会员刘积学发表了《讨满清政府檄文》，预示着河南义举开始了。

张钟端回到开封后，以中州公学、法政学堂、大河书社为秘密据点，联络同盟会会员，策划起义事项。经过多次酝酿，张钟端被推举为河南辛亥革命起义总司令，准备在1911年12月21日发动起义。

在联络起义的过程中，原来河南各地的同盟会会员都得到通知，准备响应武昌起义，在河南发动义举。在此过程中，刘青霞作为同盟会会员，本应参加，但她没有直接参加义举，主要还是当时的起义领导者考虑到刘青霞特殊的地位和举足轻重的作用。她是河南首富，手中掌握着大量的财富，而这些是其他革命同志不具备的。革命起义需要经费，没有充足的经费做保证，起义也会半途而废。所以在筹备起义的过程中，刘青霞没有走到台前，没有像其他革命党人一样冲锋陷阵，但她在幕后支持着，同样为起义尽着自己的力量。

万事俱备，只欠东风。就在河南同盟会准备起义的关键时刻，清军派出的奸细混入革命党中，在探得起义时间后，包围了张钟端等人的住处，逮捕了张钟端等革命党人，开封起义失败了。

当开封起义失败后，1911年12月24日，张钟端等11位起义骨干被清军杀害。刘青霞当时在尉氏家中，满腔怒火，万分悲痛。要革命就会有牺牲，这个道理她懂，没有时间让她一直沉浸在悲痛之中，她还得设法营救和帮助那些被捕的同志，让他们脱离敌人的魔爪。

在刘青霞的后人回忆录中，曾记载了在河南辛亥革命起义失败后刘青霞营救被捕革命同志的事情，其孙女也就是刘鼎元的女儿在《回忆祖母》一文中曾说："祖母是一个很有本事的人，辛亥革命河南起义时，家里曾住过两个穿'囚衣'的革命党人。"另一个孙女也曾回忆说："有两个穿着囚衣的革命党人，一天来到尉氏自己家中避难，祖母将他们留在客房屋旁边的一个小屋内住了好几天才走。"①

在那种情况下，刘青霞冒着杀头的危险，掩护自己的同志，这是一种何等的高贵品格，所以后来孙中山题赠刘青霞"巾帼英雄"匾额，也是对她献身革命的精神的嘉许。

---

① 刘菊英：《我的祖母刘青霞》；刘仲英：《寄语"刘青霞女士专辑"出版之际》，《尉氏文史资料》（二），1987年，内刊。

辛亥革命成功后，中华民国建立。在如何建立中华民国，体现各阶层的权利上，曾出现了一场声势浩大的女子参政运动。刘青霞作为当时杰出的女性代表，以满腔热情投入这场轰轰烈烈的运动中，担任一系列社团会长，这些均反映了刘青霞在当时妇女界的影响和威望。在河南女性普遍没有觉醒的情况下，刘青霞振臂一呼、摇旗呐喊，喊出了河南女性争取自由、平等、参政的声音，为河南女性树立了一座丰碑。

一、勇挑"神州女子共和协济社"重担

1911年12月29日，中华民国南京临时政府成立，孙中山被选为临时大总统。1912年3月通过了《中华民国临时约法》。在《临时约法》中，明确规定："中华民国人民一律平等，无种族、阶级、宗教之区别。"明确了人民享有选举、被选举、考试、请愿、诉讼等权利，并享有人身、财产、居住、迁徙、言论、出版、集会、结社、通信、信教等项自由，但须受政府法律限制，并有纳税和服兵役的义务。然而对于女子参政问题却含糊其辞，这引起了知识女性的不满，遂引起了一场声势浩大的女子参政运动。

清末民初，一批知识女性为摆脱封建专制和封建礼教的压迫和束缚，积极投身到辛亥革命运动中，她们一方面积极宣传妇女解放的理论，一方面通过

学习了解西方的男女平权、妇女参政方面的学说和制度，开始为自身的翻身解放和建立一个男女平权的民主共和政体的新中国而斗争。

武昌起义后，同盟会会员林宗素闻知消息后马上从日本回国，参加了1911年11月部分同盟会会员在上海成立的中国社会党，为了在政治上实现"男女平权"，林宗素又组织了最早的女子参政团体"女子参政同志会"。

1912年1月5日，林宗素以女子参政同志会代表的身份面见临时大总统孙中山，要求承认女子完全参政权。孙中山表示："将来必予女子以完全参政权，惟女子须急求法政学知识，了解平等自由之真理。"受孙中山讲话的影响，一批女子参政团体相继诞生，主要有以林宗素为会长的"女子参政同志会"、吴木兰发起的"女子同盟会"、唐群英和张汉英发起的"女子后援会"、沈佩贞发起的"女子尚武会"和王昌国组织的"女国民会"。

1912年2月20日，这五个女子团体为了发挥更大的力量，联合起来组建了"中华民国女子参政同盟会"。

2月21日，唐群英、张昭汉、张汉英、王昌国、吴芝瑛、张群英、沈佩贞等60余人以中华民国女界代表的名义，上书南京临时参议院，正式要求将女子参政权写入宪法。唐群英等甚至携带武器闯入参议院，被守卫阻挠，不得入院，愈形激愤。

2月23日，南京临时参议院将唐群英等请求女子参政权案交请愿审查会审查。当时报界传闻，参议院对于女子参政权案"不赞成者居多数"，女界中有激烈派数人声言"此举如办不到，当以炸弹对付议员"。审查结果还没有出来，一场冲突似乎已在所难免。

3月3日，中国同盟会本部于南京召开全体大会，到者数千人，大会选举孙中山先生为总理，并宣布同盟会政纲，其中第五条是"主张男女平权"。3月11日，经临时参议院议决、由孙中山以临时大总统的名义公布了具有宪法性质的《中华民国临时约法》,其中规定:"中华民国人民一律平等,无种族、阶级、宗教之区别。"唐群英等人在对《临时约法》男女性别问题的模糊提法大失所望的愤慨情绪下,又以中华民国女子参政会的名义上书孙中山,提出强烈抗议。她们要求修改《临时约法》,使女子参政权得到宪法的确认。

3月初,为了捍卫女子参政的权利,唐群英、刘青霞等人成立了"神州女子共和协济社"。在这个领导机构中,名誉社长:孙中山夫人(指卢慕贞)、伍廷芳夫人、吴芝瑛、刘青霞;社长:张昭汉、杨季威;教育部长:钱新才、程颖;实业部长:陈鸿璧、周铸青;编辑部长:唐群英、汤国梨;法政部长:陈汉英、任宝航;财政部长:唐金玲、梁卿。

从这些人名可以看出,能参加并被选上"神州女子共和协济社"的领导成员绝非等闲之辈,都是当时知名女性,刘青霞能与孙中山夫人、伍廷芳夫人以及秋瑾密友吴芝瑛同列为名誉社长,可见她在当时的影响。

不光这些名誉社长是知名女性,下面的社长、各部部长哪个不是响当当的女界名流。像唐群英,第一个同盟会女会员,武昌起义时被推为"女子北伐队"队长,被孙中山誉为"巾帼英雄"。

"神州女子共和协济社"的成立,主要是要求女子能够参政,特别是她们对《临时约法》中模糊女子参政的问题非常不满,要求修改《临时约法》,使女子参政权得到宪法的确认。

3月18日、19日,南京临时参议院两次讨论女子参政权案审查报告。结论是:"本审查会一再讨论,多数认为吾国女子参政亦应有之权利,惟兹事体重大,非可仓卒速定,应俟国会成立再行解决,以昭慎重。"这实际上对女子参政权的请愿要求是推拖和否决。

参议院的这种态度,激起了唐群英、张汉英等女界中的激进分子的不满,她们约20人,于3月19日上午,以"武装的状态"闯入参议院的议事厅,要求参政权,"至提议女子参政案时,咆哮抗激,几至不能开议"。下午，她们又试图阻止议员出席会议，议长无奈，只好请求警卫干预，迫使女子退入旁听席。

这就是轰动一时的女子参政运动。在这场运动中，刘青霞明显是支持女子参政的，她不仅同意作为"神州女子共和协济社"的名誉社长，而且以实际行动支持唐群英等人的抗议之举。

二、勇担"北京女子参政同盟会"会长

1912年4月8日，全国各女子团体在南京召开大会，决定成立"中华民国女子参政同盟会"，大会通过了十一条政纲，即：实行男女权利平等；实行普及女子教育；改良家庭习惯；禁止买卖奴婢；实行一夫一妇制度；禁止无故离婚者；提倡女子实业；实行慈善事业；实行强迫放脚；改良女子装饰；禁止强迫卖娼。

"中华民国女子参政同盟会"成立后，就派人分赴全国各地，成立分会。同时通电全国对《临时约法》剥夺女权的行为表示愤慨，一再表示不承认《临时约法》。随着袁世凯正式成为中华民国总统，女子参政同盟会活动中心从南京迁到北京，继续抗争，争取女子参政、男女平等的权利。

1912年10月2日，北京成立了"北京女子参政同盟会"，刘青霞以其才能和名望被大家推举为会长。

这就有些奇怪，刘青霞作为河南人的典型代表，充任河南女子参政同盟会会长自然无异议，何以一个河南杰出女性担任了北京女子参政同盟会会长。

原来刘青霞在日本期间，就和唐群英关系甚密，有文献记载"留日学生朱珍吾、唐群英经常到她的住所拜访"。在辛亥革命成功后，尤其是唐群英组建"神州女子共和协济社"时，刘青霞就表达了极力支持唐

群英争取女子参政权利，她被选为名誉会长自然也是一种支持。后来中华民国成立，袁世凯当上了大总统，北京成了首都，自然也就成了政治中心。

1912年9月，刘青霞和唐群英一起在北京创办了《女子白话旬报》，后改名为《女子白话报》，这是为了配合女子参政同盟会争取女子参政权利而办的一份报纸。

辛亥革命成功后，刘青霞一直在北京活动，担任北京女子法政学校校长、北京女子学务维持会会长等职务，目的就是实现她梦寐以求的教育救国、实业救国的理想。当唐群英把争取女子参政权利斗争从南京迁到北京后，刘青霞更是倾力支持，所以当"北京女子参政同盟会"成立时，以她当时的社会地位和社会威望，自然是会长的最佳人选。

她和唐群英一起创办《女子白话报》，目的自然是"专为普及女界知识起见，故以至浅之言，引申至真之理，务求达到男女平权的目的"。

对于唐群英、刘青霞等女中豪杰全力争取男女平等权利的斗争，应该说是历史潮流所致，也是辛亥革命应该取得的成就，然而在男权高度集中的中国，尽管推翻了帝制，建立了共和，但整个社会对女子参政还是持敌视的态度，不用说袁世凯这些深受封建思想影响的高层人物，就连孙中山、宋教仁这些革命者也对女子参政不是很热心。所以在民国初年的社会环境下，女子参政、男女平权还真的难以落实。

孙中山看到了这个问题的实质，就当时而言，女子参政是根本实现不了的，与其闹来闹去，还不如像他一样实业救国，做点实事。从1912年12月以后，在孙中山的一再劝说下，唐群英、刘青霞等女界领袖纷纷从北京回到原籍，放弃了与当权者抗争，回到家乡，办女学，提高女性知识和思想觉悟，从另一方面争取女子身体解放、思想解放，然后再争取政治权利。

刘青霞不像唐群英等人是专职的抗争者，她在北京还是北京女子法政学校的校长，还办有报纸，即便如此，她还是响应孙中山的号召，准备回到河南，兴办女校，完成她的教育兴国的梦想。

刘青霞回到河南开封的时间，应该是1912年12月。刘青霞在当时太有名，所以她的一举一动自然引起家乡人们的关心。早在她被推选为"北京女子参政同盟会"会长时，1912年11月19日《自由报》就刊登了《刘女士关心桑梓》一文，其中提到"因吾豫女界虽稍有起色，尚未大放光明，心焉恶之。闻不日来汴，组织女子学务维持会支部，以期昌明。此真吾豫女界中之伟大人，将来之女学讵可量哉"，可以看出河南各界对刘青霞回豫办女校给予的希望有多大。

民国初年的轰轰烈烈的女子参政浪潮随着1913年袁世凯下令取消"北京女子参政同盟会"而失败，那些曾经热心男女平权的女性，有一部分人如刘青霞等，听从孙中山的建议，回乡办实业兴教育；也有一部分人放弃了革命理想，摇身一变成为阔太，继续千百年来大多数女性所扮演的相夫教子的角色；当然也有一小部分人，面对挫折心灰意冷，遁入空门。

民国初年的女子参政运动失败了，但在历史上所起的作用不可低估，这是第一次女性喊出要求参政的心声，为五四新文化运动做了舆论准备，为新式女性登上历史舞台开了好头，标志着广大女性要求解放、要求自由、要求平等的呼声是多么强烈。

辛亥革命成功后，中华民国成立，革命党人用鲜血换来的革命果实却成了袁世凯的政治资本。在南北议和后，作为政治交换条件，清帝退位，孙中山让出临时大总统，并经议会选举成立中华民国政府。这样袁世凯凭借其手中的权力以及在迫使清帝退位中的贡献，顺理成章当选为中华民国第一任总统。

中华民国成立了，总统也选出来了，按理说应该开始经济建设，恢复经济、振兴实业成为那个时代最迫切的任务。于是，像孙中山这样的政治领袖也开始转向，把精力转移到铁路建设等实业上，同时也号召同盟会会员，回到各自家乡，开展恢复经济、振兴实业的救国运动。

刘青霞正是在这个时候，响应孙中山的号召，离开北京，回到河南，回到尉氏，开始了实践她创办民族工业、振兴国家的梦想。

一、出任河南国民捐总理

民国初年的中国，真是什么事都能发生，一场女子参政运动还未退场，另一场席卷全国的募捐活动粉墨登场，这就是在民国初年影响巨大的国民捐运动。

所谓"国民捐"，就是在国家财政发生困难的时候，为了挽救国家国民自愿捐出自己的财产填补财政窟窿，使国家渡过财政危机，这应该是民众自发的爱国举动。像前些年金融危机时,许多国家都出现了国民捐钱助国家渡过危机的事情。

中国的国民捐出现于清末,1906年,天津商人为帮助清政府加强海军建设,在社会上募捐,时称"国民捐"。此后,凡因"国用孔急,忧国之士,欲捐款以济国用,常用国民捐"。这似乎成为一种常态,有政府主导,也有民间团体主导,像1907年清政府为了偿还外债就组织了全国性的国民捐活动,影响较大。

在辛亥革命前,全国各地以国民捐的形式组织的劝捐济国用层出不穷。1907年,桐城一女子在上海登报劝办女子国民捐,目的是帮助清政府偿还赔款之用;1909年,江北师范学校"以认捐济国用为国民应尽之义务"为号召,倡行国民捐;1910年,天津商会发起筹还国债会,虽然不叫国民捐,实则就是国民捐。

辛亥起义后,各地成立了军政府。1912年1月1日,中华民国建立,这些变化使人们看到了国家振兴的希望。然而严峻的形势摆在人们面前,就是经济极度匮乏,没有财力支撑政府的运转,在这种情况下,发动人民捐款解决财政困难就成为唯一可行的办法。

1912年5月27日,辛亥革命的元勋黄兴通电全国,提出解决中华民国临时政府财政困难的出路就是发动人们自愿捐款,在通电中他说:

> 吾国人数约计四万万,其中赤贫如洗者与夫偏地灾黎,固无余力可以捐助国款,而中人以上之产,即可人以银币一圆为率,最富者更可以累进法行之,所得较多者,亦可仿所得税法征之,逆计收入,褒多益寡,当不下四万万元,于特别劝募之中,仍寓公平征取之意,在贫者不致同受牵累,在富者特著义声,而仍不失为富,且捐率有定,可免藉端苛扰之虞。

既然中华民国临时政府提议国民捐款解决政府的财政困难,作为辛亥革命的参加者、为辛亥革命起义做出贡献的刘青霞自然完全拥护。于是在1912年5月，河南各地掀起了国民捐高潮。为了响应中华民国临时政府的号召，河南各大团体推举刘青霞为河南"国民捐总理"，负责河南省的国民捐款事项。为什么要选刘青霞为国民捐总理？大概有以下几方面原因：

首先，刘青霞是河南首富，拥有雄厚的资产，由她挑头捐款，可以起到轰动效应。河南首富带头捐款，其他人也就不会有太大怨言，都会跟在刘青霞后面踊跃捐款。

其次，刘青霞是当时河南最有名望的人物，在全国女界名声很大，又是同盟会成员，在全国都是卓有影响的人物，可以说在当时的河南政坛，能与刘青霞相比肩的还不是太多。

最后，刘青霞是人们心目中的慈善家，她热心公益事业，积极参与慈善和公益活动，她的善举有目共睹，有口皆碑。国民捐本身就是慈善活动，是献爱心活动，刘青霞的所作所为已经得到全省人民的认可和敬佩，也只有她有资格充任国民捐总理的角色。

虽然刘青霞被大家公举为国民捐总理，但刘青霞当时并不在开封，也没有参加公举大会。那时因有事她回到安阳娘家，为了把这一消息告诉她并亲迎她回汴，热心人吕伴竹不辞辛苦到尉氏迎接她，在得知她不在尉氏而在安阳时，又马不停蹄地赶赴安阳面见刘青霞，并把公举的情况报告于她。刘青霞没有一丝推脱，爽快应允。

1912年5月30日，刘青霞在吕伴竹的陪同下，从安阳返回开封。在开封的各大团体接到电报后，欣喜若狂，商议要在开封汽车站举行隆重的欢迎仪式，欢迎刘青霞。当天，有30多个群团组织到车站迎接。当刘青霞坐的汽车一到车站，汽笛长鸣，人群爆发出阵阵掌声和欢呼声。刘青霞下车，向迎接队伍鞠躬致礼。

刘青霞出任国民捐总理，并不是慕求这个虚职，而是要做出表率，带头捐款，帮助国家渡过难关。

然而，仅仅过了20多天，刘青霞就毅然辞去了国民捐总理的职务，在《辞职书》中她这样写道：

> 政府借用外债损失国权，黄留守有国民捐之倡议，吾豫爱国志士群起响应，组织国民捐事务所，推鄙人为总理，曾经力辞未蒙允许。当时勉强就职者，诚以此为救亡之急务，极欲赞成也。今本所成立已逾两旬，诸事就绪。鄙人自问一无学识之妇人，焉能负此巨任？且吾豫人才济济，不乏贤能，何用一妇人参与公事？现鄙人已决意辞退，请诸公另举贤能总司其事，早集巨款，以应国家急需，亦鄙人之所深愿也。

表面上刘青霞辞职的理由很简单，就是说自己是一个无学识的女人，担当不起这项重任。实则不然，另有原因。袁世凯继任中华民国大总统以后，派自己的表弟张镇芳任河南督军。张镇芳到河南后，秉承袁世凯旨意，大肆搜捕镇压革命党人，一时搞得满城风雨，白色恐怖。刘青霞本是响应黄兴提倡的国民捐才勉强出任河南国民捐总理，现在河南成了袁世凯的天下，她不屑与这些人为伍，这才提出辞呈，应该说刘青霞的辞职，是对袁世凯倒行逆施的不满和无声抵抗。

二、"裸捐"第一人

"裸捐"这个词近年在媒体上频频爆出，意即把个人的资产全部捐给社会，而不留给子女，这是慈善的最高境界。像世界首富比尔·盖茨在从微软总裁的位置上退下后，将自己名下的580亿美元全部捐给梅林达·盖茨基金会，分文没留给子女。

刘青霞应该是中国"裸捐"第一人。在百年前，她就提出捐出自己所有的家产支持国家建设。想一想，在民国初年，一介女流敢于顶住压力，将个人的财产全部捐献给国家，难道不是更应该受到敬仰？

刘青霞为什么要将所有的家产捐献出来？说白了还是她对民国建立以后寄予的希望。民国虽然已经建立，但国家还处于积贫积弱的局面，为了国家早日富强起来，需要大量的财力投入经济建设，人人都出一份力，国家才有希望早日摆脱"东亚病夫"的地位。

说实在话，袁世凯控制下的河南对革命党人是极为不友好的，他对革命党人也是处处提防和限制。像《自由报》，是同盟会河南支部办的报纸，在民国成立后，1912年8月，同盟会改组为国民党，《自由报》也就成了国民党河南支部的机关报，但就是这样一份报纸，在出版不到半年时间就被袁世凯的嫡系河南总督张镇芳查禁。

可以说民国成立以后，作为一手缔造民国的革命党人却没有得到任何好处。1912年1月，南京临时政府成立，孙中山被选为临时大总统。2月南北议和，临时政府迁到北京，在随后举行的议会选举中袁世凯成了中华民国的大总统，在这种情况下孙中山不得不辞去临时大总统的职务，并开始专心于国家的经济建设，出任全国铁路督办。

在这种情形下，为了表达自己支持国家恢复经济的决心，支持孙中山筹款建铁路的志向，刘青霞于1912年11月南下，在南京和上海两次拜访孙中山，提出愿意将所有的家产捐出来支持全国的铁路建设。

这点在1912年11月19日孙中山给袁世凯总统府秘书长、广东同乡、国民党员梁士诒（燕荪）的密电中可以得到证明，电文中写道：

> 兹有河南尉氏县刘马氏青霞认缴本处股银二十万元。据称家藏金一千三百两，银九万两，欲设法运出。但路途危险，族人眈视，愿得汴督饬地方官护送。可否由公转恳总统知照豫督，准予保护？此人现在上海，专候复示。

也就是说，孙中山在11月19日给梁士诒的密电中提到刘青霞捐家产一事时，刘青霞就在上海，可见刘青霞面见孙中山提出捐献全部家产是在1912年11月，而不是有的文章中所说的1913年。到了1912年

孙中山题"巾帼英雄"

12月4日，孙中山再一次密电梁士诒："前电托设法保护河南人运金出境事，能否办到？"再一次证明刘青霞面见孙中山提出捐献家产的事情发生在1912年年末。

刘青霞提出捐献财产助孙中山搞铁路建设，绝非一时头脑发热，而是经过深思熟虑的。她去拜访孙中山的时候带去了自家的全部房产、地产和钱财清单。孙中山收下了刘青霞的这些清单，深为刘青霞的爱国壮举所感动，亲自为刘青霞写下了"天下为公""巾帼英雄"匾额。今天，我们在安阳马氏庄园、开封刘青霞故居还能见到这些题词，从中也能领悟到刘青霞"天下为公"的情怀和高尚品德，这在那个时代绝对是"巾帼英雄"所表现出来的英雄壮举。

孙中山在接到刘青霞的捐赠清单后，就以中华民国铁路督署的名义行文到河南开封，并转到尉氏县，要求地方政府协助查明刘青霞的财产情况，准备办理捐献手续。

对孙中山及南方国民党保持高度警惕的袁世凯和梁士诒，当然不会动用政府资源来帮助刘青霞转移家产资助孙中山；时任袁世凯秘书的马吉樟，也不会同意妹妹这么做的；更重要的是，尉氏刘氏家族绝不允许刘青霞把巨额财产转移。刘青霞捐献全部家产给国家，绝非易事。

尽管刘青霞有此胸怀和品德，但这次捐赠没有成功，原因在于政局出现了变故。

1913年3月，在中华民国临时政府召开国会之际，最有希望出任内阁总理的宋教仁被袁世凯派人暗杀于上海，南北议和分裂。1913年7月，孙中山发动了"二次革命"，不久就遭到袁世凯的镇压。10月，在袁世凯的控制下，国会选举袁世凯为中华民国总统，随后袁世凯以"叛乱"罪下令解散国民党，通缉孙中山、黄兴等国民党领导人。随着"二次革命"的失败，孙中山、黄兴等不得不流亡日本，重新开始他们的流亡生涯。

"二次革命"失败了，那些支持国民党或者是国民党党员的著名人物就开始跟着倒霉，刘青霞也在倒霉者之列。因她曾是同盟会会员，支持辛亥革命，支持河南起义，又和孙中山等人关系甚密，并一度有将全部家产捐献国家的打算，这些都成了别人陷害或者攻击她的证据。就在"二次革命"爆发不久，早就垂涎刘青霞财产的尉氏刘氏族人，开始了他们疯狂的诬告行径。刘青霞面临的局面非常糟糕，稍有不慎，就有可能身陷囹圄，所有的家产付之东流。

刘氏家族的某些人真够狠毒的，他们为了达到侵吞刘青霞家产的目的，竟向袁世凯控制下的河南省政府控告刘青霞私通国民党，和孙中山等国民党领导人过往甚密，私下资助孙中山等，反对袁世凯政府，图谋不轨。别的不说，仅这一条就可以把她投入大牢，刘青霞命悬一线。

好在刘青霞的二兄马吉樟当时正在袁世凯政府担任秘书一职，看到小妹面临如此绝境，非常着急。凭借他与袁世凯多年的关系，从中斡旋，总算化解险情，未受株连。

但经此事，刘青霞与刘氏家族的矛盾愈加不可调和，在此后的若干年，她的精力都被耗在与刘氏家族的矛盾和争斗中，这也促使她下定决心只要机会合适，就把全部家产捐献给社会。

三、创办公益企业

民国初年，刘青霞怀着满腔热情投身国家复兴的事业中，不论是担任国民捐总理，还是求见孙中山要求捐出所有家产，都显示了她作为一个热心国事的革命者所具有的情怀。然而事与愿违，她的热情和品德因为民国初年的时局变化无法实现，自己也险些身陷囹圄。但作为一个有抱负、有同情心的乡贤，刘青霞没有被眼前的挫折吓倒，她尽自己所能，在慈善方面做出自己应有的贡献。

刘青霞大多数的时间都生活在基层，虽然出身豪门，生计无忧，但她有一颗胸怀天下苍生的仁爱之心。在民国初年一系列政治风云之后，刘青霞回到家乡尉氏，开始把工作重心转移到开启民智、开发平民教育、兴办民族工业等事情上来。如果我们说刘青霞积极兴办实业是为了振兴民族工业，使中华民族自强于民族之林，可能评价有点高，也许刘青霞并没有这样的认识高度，但有一点是肯定的，那就是刘青霞在尉氏兴办一些工厂，主要还是以慈善为主，为当地的穷苦百姓创造一个能自食其力的生活出路。

1917年2月，经过长时间筹备，刘青霞在尉氏县城创办了一家女子工厂，取名叫"平民工艺厂"。刘青霞为了办这个工厂，初定出资30000元大洋，厂址设在尉氏县西门内。这是一个纱厂，为了办好它，刘青霞亲自到上海调查，在好朋友王文典、赵镜清的引荐下到上海中华新布厂参观。纱厂是关系国计民生的企业，办好这样的工厂，一则可以解决当地富余劳动力，为百姓找到谋生的路子；二则可以解决百姓生活所需。这样的工厂正是河南所缺的，因此刘青霞决定办纱厂，并在上海购买了棉纱、织布机等运回尉氏。平民工艺厂，招的工人都是女工，在民国时期，能在河南办这样一个工厂并招收大量女工，为女性的经济独立和解决家庭经济问题立下了汗马功劳。

在兴办平民工艺厂的同时,刘青霞又于4月在尉氏县开办了另一个工厂,这是专门为解决生活困难的平民所建立的带有慈善性质的工厂,名字叫"平民工厂"。为了办好这个工厂,刘青霞专门拿出50000元大洋作为开办经费。这个工厂生产什么,因为史无确载,我们无法得知,但应是一个以男工为主的工厂,并且是纯粹的慈善性质。对于刘青霞捐资兴办公益工厂,发展和壮大民族工业的壮举,当时尉氏县县长给予了很高的评价,说她:"教子有方,急公好义,捐资兴办工厂,实属贤德可嘉,义善勇也。"开封《大梁日报》也在1917年4月24日以《刘女士热心公益》为题报道了她的事迹,称赞她"女界中诚所罕见"。

刘青霞之所以热心兴办民族工业,除了带有慈善性质,还有就是她对民族工业在国家经济生活中的作用有清醒的认识。早在民国之前,面对西方列强对中国经济的侵占,她就在自己力所能及的范围内,积极支持民族工业,抵制西方列强对河南经济的掠夺。晚清时期,尤其是1905年成立的英国"福公司",在中国内地抢夺矿山资源,尤其在河南焦作、安阳一带想方设法夺取矿权。当时的清政府不敢得罪"福公司",只好以竞标的形式公开竞标。河南本地的一些实业家哪是"福公司"的对手,很多矿权都落入"福公司"之手。安阳六河沟煤矿也属于竞标之列,为了拿到六河沟煤矿开发权,刘青霞的大哥马吉森联络多家股东联合竞标,并表示不管遇到多大的困难,也一定要拿下开采权,不能让洋人夺走六河沟煤矿开发权。为此马吉森向刘青霞求援,刘青霞二话不说,拿出100万两白银支持马吉森参加竞标。有刘青霞的100万两银子的支持,六河沟煤矿终于没有落入洋人之手。

可以说,刘青霞早就有兴办民族工业的想法,只是民国后才有机会实现自己的理想。

四、捐助难民收养所

从袁世凯当上大总统的那一天开始,中国政局又一次进入混乱时期,"二次革命",南北方军事对峙。好不容易将"二次革命"平息,袁世凯又开始了他的复辟梦。

在那个时代,名义上的帝制没有了,但人们心目中的帝制还存在,在皇帝和总统的选择上,很多人还是选择皇帝。皇帝梦做一做是可以的,但真要当皇帝就要冒极大的风险。经过革命洗礼和西方思潮的冲击,共和已经深入人心,现在却有人要取消共和恢复帝制,人民自然是不答应的。就在袁世凯恢复帝制不久,革命党人就开始了护国运动。

袁世凯只做了83天皇帝梦,就在全国人民的声讨声中一命呜呼,黎元洪继任中华民国大总统。从此,中国进入了军阀割据的局面。

一个国家没有一个强有力的统治者,没有一个统一独立的政权,也就意味着国家没有形成凝聚力。为了争夺权力,政权更替如走马灯般,今日直系上台,明日奉系上台;为了争夺政权,刀兵相见,兵火连天。这种局面造成国家经济凋敝,民不聊生。地方官员更是肆无忌惮中饱私囊,巧立名目横征暴敛,人民处于水深火热之中。各地无法生存的百姓,不得不抛荒流离,拥入城市,沿街乞讨。

在经历了一系列变故之后的刘青霞,对政治的热情减少了不少,对现实失望了不少,但她又不愿这么消沉下去,所以尽自己的能力,开办带有公益性质的平民工厂,帮助那些生活艰难的乡邻。随着袁世凯的黑暗统治以及"二次革命"、护国运动的爆发,以及后来的北洋割据,地处中原的河南人民遭受的灾难更深,许多百姓流离失所成为难民,栖息在城市乡村的破庙荒草堆,生活极为艰难。刘青霞面对此景,惆怅万分,痛苦异常。为了帮助那些难民,乐善好施的刘青霞对拥入城市的难民在一定程度上设法赈济。开封难民所收留无依无靠的妇女、小孩儿50多名，刘青霞拿出银元2000元，交给难民所，让他们帮助定做40多套新衣，分给那些衣衫褴褛的儿童。

其实，刘青霞在做这些事的时候，她自己的日子也不好过。刘氏家族不断找她麻烦，打官司，行诬告，但在如此情况下，刘青霞还拿出巨资赈济难民，体现了怎样的一种情怀，表现了她对河南乡亲那种朴素的关心和牵挂。

做善事，刘青霞光明磊落，诚如她自己所说：

> 凡属公益善举，宁节己裹助，未当作守财之奴，此又对于社会者如此。青霞一妇人耳，屈指平日碌碌劳劳，淡食粗衣，自奉甚微，而对于家族、对于社会自觉可以告无罪矣。[1]

事实也是如此，刘青霞从来没有摆过阔，马氏家风的熏陶让她养成了节俭的习惯，但对于家族、社会，她一点儿也不吝啬，不论是办教育、办报纸，还是支持革命、办工厂、行慈善等，她都慷慨大方，表现了一个乡贤应有的品德。

也正是她对社会的大度，引起了刘氏家族的不满和愤恨，也从此拉开了她与刘氏家族的仇怨。刘青霞晚年的不幸，都是刘氏家族那一股股阴风和各种阴谋诡计造成的。

"巾帼英雄"刘青霞晚年的痛苦，是任何一个女性都不能承受的，她承受了各种打击，在封建家族恶势力面前一点也不退让，表现了一个革命女性坚强的性格。

---

[1] 刘马青霞：《豫人刘马青霞披露》，《自由报》1912年11月19日。

生命悲歌

民国的建立,并没有给中国带来复兴的契机,反倒是进入一个军阀割据的时代。由于刘青霞的社会地位太高,所以在此后的一系列政治变局中,刘青霞没有机会再投入轰轰烈烈的政治运动中,推翻清政府投身革命的热情被各种黑暗势力所浇灭,但她不改初衷,作为一个热衷于教育、慈善的"巾帼英雄",克服种种阻挠,一如既往实践自己的理想。然而由于封建家族和家庭的一系列变故,也使她的斗志和激情为之消磨,一个要强的女性,一个在近代革命史上影响巨大的女性,却被家族各种纷争耗尽精力,这不能不说是那个时代的悲哀。

一、日渐沉沦的刘氏家族

历史上很多大家族面临时代巨变的时候,有些家族能适时调整心态,把握时局,重新规划经营方略,这些家族或许没有被时代所抛弃,反而越发壮大;也有一些大家族,固守家族传统的思维,不思进取,跟不上历史的步伐,很快就被历史的车轮碾压,退出历史舞台。

尉氏刘家,就属于后者。

作为河南首富的尉氏刘家,在晚清大变局的历史关头,本应以商人的犀利眼光,看到时局的变化,调整自己的经营方略,迎合时代发展的需要,唯有如此,才不会被近代中国风起云涌的历史浪潮所淘汰。然而,刘家的子弟锦衣玉食,挥霍无度,过惯了骄奢淫逸的生活，在他们看来，刘家的财产即便怎样花，几代人也花不完。殊不知，一个家族的命运并不完全系于财产的多寡，而是与经营人才有关，更与时局有关。

刘青霞是一个女性精英，她已经预知到时局将会发生巨大的变化，如想保持家产，唯一的办法就是做慈善。兴教育也好，办工厂也罢，甚或是大量捐资办报刊，支持革命，都是在时局变化面前的积极思考和应对。尤其在中国，家族的兴衰、个人的荣辱，与当权者有极大关系。

但刘青霞的睿智，并不为刘氏家族所认可。而此时的刘氏家族除了刘青霞，还没有人意识到一个新的时代即将到来，他们中的大多数人没能感知到这样的信息，尤其是作为富商的刘家在拥有了150多年的河南首富的荣耀后，已完全没有进取之心。刘家在大变局面前基本固守祖业——经商、耕种，没有进入新兴产业领域，任由时代变迁中的机遇擦肩而过。更有甚者，祖先创业之时的勤奋节俭荡然无存，刘氏族人大多"沾染富家习气甚深，骄奢淫逸几成第二天性"，他们炫豪夸富、挥金如土，很少有人静坐书房，苦读上进，家族中几十个道、府、州、县官员，多是拿钱捐来的。

刘氏家族的腐朽，在后人的记载中颇能反映出来，尽管有些记载带有明显的贬斥之意，但贪图享受、不思进取、挥霍无度基本属实。有调查者介绍，晚清、民国时期的刘氏家族，男性基本都抽大烟，孩子尚在襁褓，就往其脸上喷烟气，有意让孩子染上烟瘾。他们这样做的逻辑是：抽大烟的人不会赌博——坐不住。在他们看来，刘氏的家产，怎么也花不完，只有赌博这个无底洞会"造完"。殊不知，在近代中国，败家的"不二法门"一是抽大烟，一是赌博，只要子弟染上一条，都会败家。

此时的刘氏族人，已经过惯了骄奢淫逸的生活，谁也不愿意为家族的生意费心。经营人才的断裂是刘家走向衰败的关键。面对家族生意出现的亏损，刘氏族人不是自找原因，克服困难，而是通过卑劣的手段巧

139

取豪夺,维持其日益腐朽的生活。

很快,刘氏族人把抢夺他人财产的矛头对准了为家族商业费心劳苦的刘青霞身上。

在前面我们已经交代了刘氏家族财产的组成,作为刘氏财产,如土地、商铺,是刘氏老五门共有的,但因为刘青霞继承的这一份数代单传,分配的份额是最多的,所以在刘耀德去世之后,刘氏族人就把瓜分刘耀德这份财产作为首要目标,上演了一幕幕卑劣的闹剧。

最拿手的诋毁刘青霞名声的还是"不守妇道"。因为刘氏族人找不到刘鼎元不是刘耀德儿子的证据,就四处造谣,说刘鼎元不是刘耀德的亲生儿子,不能继承刘家财产。这几乎成了以后刘氏族人攻击刘青霞的头等罪名,也是刘氏族人对刘青霞耿耿于怀的地方。

刘氏族人何以如此执着要霸占和瓜分刘青霞的财产?原来刘氏老五门的其他四门,多是一些纨绔子弟,晚清时期仗着家里有些钱,就花钱在外地捐一个官,也算吃国家粮饷。可民国建立以后,他们的官职没有了,回到尉氏以后,又没有其他生存的技艺,做官不成,做生意不会,种地更不懂,只能坐吃山空。眼看着自己的财产不够挥霍,就把魔爪伸向刘青霞,希望通过卑鄙的手段攫取刘青霞的财产,以满足他们的挥霍。

一个家族到了这个地步,已无药可救。诚如民国以后的那些八旗子弟,没有了地位,没有了收入来源,他们就是一批有着荣耀身世的城市难民。

二、刘氏族人的强取豪夺

刘氏家族的某些人为了霸占和强取豪夺刘青霞的财产,可谓费尽心机。

刘氏族人使用的手段之一:叫嚣谩骂,无理取闹。

为了达到霸占刘青霞财产的目的,刘氏家族的某些人耍尽流氓无赖手段,不时登门闹事,"今日讹诈,明日狡赖",甚至雇一些泼妇堵住刘青霞的门,叫嚣谩骂,无理取闹。刘氏族人最恶毒的手段就是造谣诽谤,杀手锏就是攻击刘青霞不守妇道,男女关系不清。在传统社会,一个女人要是被冠以"不守妇道"的罪名,在家族乃至社会就抬不起头,甚至将女性逼入死路。想一想刘青霞办学校、办工厂、兴慈善,哪能不与男性打交道?这成为刘氏族人攻击她的把柄,其目的是要将刘青霞置于死地,这样就可以霸占她的所有财产。用心何其毒也。

刘氏族人使用的手段之二:依仗势力,强行占有。

刘氏家产很大一部分是老五门共有,对于老五门共有的财产,刘氏族人欺负刘青霞孤儿寡母、势单力薄,想尽一切办法霸占本该属于她的财产。刘氏有土地千顷,这是老五门共有的财产,刘青霞本应分得200顷,但被族人霸占耕种不还,没有办法,刘青霞只得将其中50顷让给族人。

开封公茂典,也是刘氏家族的共有财产,本金大约15万两白银,刘青霞占一半,其他族人占一半。为了平息族人的矛盾,刘青霞没有染指公茂典的经营,全由其他族人管理。可是族人经营不行,乱花钱很有一套,滥用滥支现象非常严重,一年私自挪用达50多万两白银,公茂典出现严重亏损。刘青霞不愿再与族人有任何瓜葛,盈利是大家的,亏损则由刘青霞填补,刘青霞很是生气,为了撇清与族人的关系,她自愿将公茂典本金和房产全部让出,永与公茂典断绝关系。即便如此,族人还是不依不饶,要求刘青霞拿出更多。为了息事宁人,刘青霞又从自己独立经营的桐茂典利润中,拿出18.5万两白银,捐给公茂典,任凭族人挥霍,并立下凭证,以后公茂典经营如何,一概与她无关。

刘氏族人对刘青霞家产的觊觎,还在于借刘青霞的善名为自己脸上贴金,捞取政治好处。像1906年刘青霞以儿子刘鼎元的名义捐善款兴办新式学堂,按照晚清规定,地方绅士如果做善事达到一定规模,影响巨大，可由地方官向朝廷申报，有候补官员的可以在本地方遇到缺员直接替补实职。新式学堂是在刘氏祖上建的蓬池书院基础上建立的，刘青霞一共捐了1万多两银子，而这功劳却被记在族人刘鋕德头上，在本县知县遇缺时，优先考虑他。

作为一个女性，在封建时代本就地位低下，更何况是一个寡妇。为了保有自己的权利，为了能实现自己的理想，刘青霞面对刘氏族人的咄咄紧逼，采取了息事宁人的做法，一再忍让，无非是想保有自己的一片天地，为自己的理想的实现打下点经济基础。

三、《豫人刘马青霞披露》

面对刘氏族人的步步紧逼，刘青霞实在气恼到了极点，她不再沉默，一定要用文字揭露刘氏族人的无耻嘴脸，同时也向社会表明自己这些年做了什么，让人们认识一个真正的刘青霞，彻底洗清刘氏族人泼在自己身上的污水。

1912年11月19日，刘青霞在《自由报》上发表了她亲自写的自传性文章——《豫人刘马青霞披露》，也叫《告四万万男女同胞书》[①]。

这是一篇极度悲愤的告白书，也是一篇情绪高昂的战斗书，表达了一个崇尚自由的革命女性的心声。

> 四万万男女同胞公鉴：
>
> 今日之中国非所谓法治国乎？法治云者，人人受治于法律之中，虽以总统之尊，不敢违法以欺人；虽以匹夫匹妇之微，亦罔不得法律之保障。固有满清政府时代，强凌弱，暴凌寡，

---

① 关于刘青霞在《自由报》上发表这篇文章的时间，很多书籍和文章将时间定在民国6年（1917年）11月19日，实误。考察文章所述内容，应在民国刚建立时，即1912年11月19日。《自由报》作为河南同盟会机关报，1913年被河南督军张镇芳取缔。

不可同日而语也。

青霞何福托革命诸先烈之赐得以法治，国民自惟哀怜无告之人，从此生存于光天化日之下，永无冤抑不平之气。孰料积重难返，慢慢长夜黑暗如恒，孤苦伶仃，频遭蹂躏。举所谓财产自由、营业自由、居住自由，无不剥夺殆尽。河南风气闭塞，即无独立之审检，又乏辩护之律师，寡妇孤儿呼吁无路。

继思共和初建，国会来开，法律虽未完全，是非讵无公论，况总统、总理以及河南都督均属豫人，其余为豫人者无论在何方面，当无强权之可言。以故青霞昔日所唾面自干者，今亦不忍安于默默，新仇旧恨，请为我男女同胞涕泣述之。

青霞自十八岁嫁于尉氏县刘家，越七年而夫亡。遗子一，桐茂典一，小铺三四处。公茂典资本金十五万串，与桐茂同，青霞与族人各半。刘姓五门，共有地千顷，青霞占五门之一，应分地二百顷，俱被族人霸种，久假不归，得业者准私置之五十顷耳。夫亡以后，母子二人相依为命，综理家务，寝食不遑。桐茂典及小铺三四处，既归青霞独立管理，执事者二三百人听指挥焉。公茂典则归族人管理，青霞坐分红利而已。

既自夫亡至今十年中，凡属青霞所管理者皆有盈无绌，宁非节衣缩食、劳神焦思之所致，而可以侥幸求之乎？青霞上无伯叔，下鲜兄弟，使稍有不慎荡尽无余久矣。然而青霞兢兢业业于综理家务，经营商业之外，益复手造住宅一处，费银八万金；独修刘氏祠堂一所，费银四万金；附设义学一处，捐地十五顷，其对于家族者如此。

北京豫学堂，捐银三万两；尉氏县高等学堂，捐银三千两；孤贫院，捐地一顷零三十亩；桥工捐银七千两；省城女学堂，捐银三千两。丁未游学东瀛，创办《河南》杂志，捐洋一万六千元；女杂志（《中国新女界杂志》——作者），捐洋六千六百元。归国后，在尉氏县自办女学校四年，约费银一万数千两。去冬，省城运动起义，捐银一千六百两，满拟竭力多捐，屡因失败而止。今年，省城办《自由报》，捐洋二千元。其余如赈捐工厂、报社等等，或捐一千、八百元，或捐三百、五百元，不胜枚举。总之，凡属公益善举，宁节己裹助，未尝作守财之奴，此又对于社会者如此。青霞一妇人耳，屈指平日碌碌劳劳，淡食粗衣，自奉甚微，而对于家族、对于社会自觉可以告无罪矣。

奈何专制家庭中之数十恶魔咄咄逼人，不惜以怨报德，匹妇何罪？言之痛心。族人染富家习气甚深，骄奢淫逸几成为第二性，或捐州县府道，或娶美妾娇妻，历在公茂典中滥用滥支，至去年竟被彼等支用五十余万两。青霞睹此情形深恐众寡强弱之不敌。于是忍痛让产，自愿将七万余串之基本金并房物一切全部让出，永与公茂断绝关系。族人哀鸣嗷嗷，要求不已。青霞又在桐茂私积项下拨银十八万五千两，捐助公茂，乃凭族亲，一面书立字据，一面在尉氏县劝业道两处立案，声明以后无论公茂亏赢，概与青霞无涉。应得一半之大宗当典，不但本利付之乌有，反断送私产十八万八千，似此亏上加亏，始换得此无聊之证据，脱非族人滥支五十余万两何以至此！谚云："欠债者还钱。"彼辈阡陌亘连，非无赔偿之代价，祗因满清末造公理混淆，可怜怀璧自危，遂至桃僵李代，斯真忍人之所不能忍。而以有用之金钱，填彼无益之欲壑，亦青霞所饮恨无穷者也。

民国成立以后，族人候补外省者纷纷被逐回籍，挥霍习惯，囊底钱空。见青霞尚有一息之微，必欲置之死地而后已。

豺狼无厌,握爪张拳,在家则令彼家泼妇喧嚷叫嚣,无理取闹;在外则造谣生谤,甚至串通商会,妄图取销(消)成案。殊不知前清契约罔不继续有效,岂青霞独属化外之民?悲夫!悲夫!不自由毋宁死!有家不能归,是丧却居住之自由也。流离奔走,主持商会者无人,是丧却营业之自由也。今日讹诈,明日狡赖,是丧却财产之自由也。

青霞处兹悲境,对于家族甚觉短气灰心,而对于社会事业尚不忍放弃天职。南京新置住宅一所,预备组织实业,移治家之精神,以经营之。然兹事体大,又不得不求社会上热心任事、志同道合之人,而蜚语频兴。一似男女共同办事,即犯现行律第几条者?吾见彼家妇女多矣,涂脂抹粉,金屋藏娇,表面不见一人,学界不通名刺,究之日与仆役接近,恐有不可告人者。

青霞自游学以来,当与学界接洽,其有出类拔萃之士,甚至引为同志,欢若平生,诚以男女界限不除,坐养二万万死人,社会之活动无望也。窥族人造谣之意,不过欲青霞畏嫌引避,不散一钱,不办一事,蓄积多金以供无厌之要求而已。

青霞岂漫无知识者,天赋人权、自由平等、共和肇建、应变方针。退让主义,一变而为竞争主义;家族主义,一变而为社会主义。青霞与族人固绝无财产上之轇轕,可以断言:我不能欺人,人亦不能欺我。彼如悔过,自可维持和平;若怙恶不悛,堂堂民国,应许延律师以对付之。但青霞所不能已于言者,刘姓号称素封,"驷马高车",声威赫濯,胡不能容一孀妇公益事业?

一女子尚知稍尽义务,彼辈挥金如土,仅知膏粱文绣,何不肯于社会家公益上捐出一文之钱,而惟以欺人孤儿寡母为事？自问能无颜汗，良心不必汝容。须知中华民国与前清大有区别，弱之肉未必即为强之食也。

　　青霞劳苦一生得此恶果，愁肠百结，聊作不平之鸣，略叙生平，非敢自扬其德，握毫濡墨，泣不成声，曲直是非究竟安在？深望我四万万同胞共讨论之。

这篇控诉书发表后，刘氏族人的丑恶嘴脸暴露在全国人民面前，人们对刘青霞的处境深为同情。

在民国初年，尽管帝制被推翻，共和建立，但封建家族的势力还是相当顽固，像刘青霞这样的著名女性遭到如此不公的待遇，其他女性就更可想而知了。

自这篇文章发表后，刘青霞与刘氏家族的矛盾和斗争公开化，他们不会因为社会舆论对自己不利就停下来，反而更激起了他们对刘青霞的仇恨，只要有机会就会诬陷、挑拨，目的还是刘青霞的财产。

刘青霞看穿了刘氏族人的嘴脸，与其自己的财产被刘氏族人侵占、瓜分、霸占，以满足其挥霍无度的奢靡生活，还不如将家产捐给国家，为社会做一些有意义的事情，这才有了1912年年底刘青霞拜会孙中山捐献家产支援铁路建设的壮举。

四、对簿公堂伸正义

尽管刘青霞采取了一再忍让的态度和做法，让出土地、房产、店铺，但这些丝毫没有换来刘氏族人的好感，反而觉得刘青霞软弱好欺，更是变本加厉欺凌刘青霞。

就在刘青霞让出公茂典股份，拿出自己的桐茂典利润18.5万两白银填补公茂典亏损，并立下凭证，从此与公茂典无瓜葛，公茂典经营好坏与她无关后，法律上虽撇清了关系，但真遇到事情，刘氏族人还是使出浑身解数,想尽一切歪点子占刘青霞的便宜。终于爆发了刘青霞与刘氏家族的公开冲突——对簿公堂。

1917年,刘氏族人刘宪德竟然一纸诉状将刘青霞告上了法庭,要求刘青霞拿出家产弥补自己的亏损。

真是滑天下之大稽,自己经营亏损,竟要求和自己没有一毛钱关系的刘青霞替自己还账,这就是民国时期的丑闻,刘宪德厚颜无耻到了极点。

为什么刘宪德会在这个时候提出诉状?原因是多方面的,其中之一是民国以后,作为同盟会会员的刘青霞积极支持革命,为革命党人捐献了大量财产,1912年曾一度将自己名下的所有地契、房产等财产捐献给国家,支持孙中山的铁路建设。尽管此事最后没有成功,却引起了刘氏家族的恐慌,万一以后再有机会,刘青霞真的将自己名下的财产无偿捐献给国家,那他们所有的努力都将付之东流,再想觊觎刘青霞的财产将不可能。原因之二,他们都知道刘青霞是革命党人,和孙中山、黄兴等革命党人关系甚好,而此时由于袁世凯复辟帝制,取消共和,爆发了国民党的"二次革命"、护国运动,刘氏族人觉得这是一次机会,因为当时河南省处于袁世凯的绝对控制之下,一方面他们到处造谣,说刘青霞暗中和孙中山等南方革命党人有联系,另一方面他们暗中行贿河南执政者,企图以诉状的形式将刘青霞的财产化为己有。

面对刘宪德等刘氏族人的无耻流氓手段,刘青霞觉得自己不能再退让,一定要力争,用法律的武器捍卫自己的尊严和财产。当刘宪德状告刘青霞时,刘青霞丝毫没有退让,在法庭上唇枪舌剑,据理力争。关于这场官司,当时的《大梁日报》作了题为《刘氏讼案志闻》的新闻报道。报道中说:

> 尉氏刘宪德为汴省著名富户,开设之各典库赔累甚巨,互相推诿。迭经法厅判断,双方各执,互相推诿,以迄上诉大理

院批令发还更审。刘宪德复要求高等厅将刘马氏之财产抵补。日昨批令，此案为大理院发还案件，以该院为标准，须俟刘马氏到案，始能决定。刘马氏个人财产有完全占有权，非他人所能干涉。请求扣押无此办法，未便准如所请示。

看了这则报道，我们可以清楚地了解刘氏族人的无赖嘴脸。自己经营的典当严重亏损，除了刘青霞，刘氏其他四门股东互相推诿，各执一词，这个官司竟然打到了北京大理院。在北京大理院发回重审时，刘宪德竟然厚颜无耻要求河南高等法院扣押刘青霞的财产，以此弥补亏损。河南高等法院在这一点上还是站在公平的立场上的，没有理会刘宪德等人的无耻要求，认为刘青霞的个人财产只能由刘青霞个人支配，他人不得干涉。

表面上刘青霞赢得了这场官司，但也为刘氏家族进一步欺凌刘青霞、侵吞刘青霞财产埋下了伏笔。在以后的岁月里，他们还是通过种种途径，包括打官司，惦记着刘青霞的财产，誓有不达目的绝不罢休的决心。

在刘青霞生命的最后几年，也可以说是最痛苦的几年，在刘氏族人的挑唆下，养育了20年的儿子刘鼎元和她脱离母子关系，过继给她的几个刘氏侄子大肆侵吞她的钱财。她对这个世界产生了厌恶，在生命的最后时刻，将家财全部捐给国家。之后她离开尉氏，回到安阳马家，在那里完成了她生命的回归。

一、母子反目

刘鼎元并不是刘青霞的亲生儿子，而是刘耀德胞姐的儿子，也就是刘耀德的外甥。这都是刘青霞等人的计谋，目的是防止刘氏家族的人觊觎自家的财产。

自从刘鼎元进入刘家后，刘青霞把他作为儿子来对待，可以说把他当作掌上明珠，虽知他不是自己的亲生儿子，但养子也是儿子，感情是维系母子关系的重要纽带，有时比血缘还重要。所以刘鼎元一直陪伴在刘青霞的身边，刘青霞对他的成长付出了巨大心血，可以说刘鼎元是刘青霞生命和精神的寄托，刘青霞也曾说："夫亡之后，母子二人相依为命。"

当1907年刘青霞游学日本的时候，她带着只有几岁的刘鼎元东渡日本。到日本后，将刘鼎元送入当地最好的幼稚园，自己则从事考察和学习。从日本回国后，刘青霞在南京和北京从事各种政治活动,甚至在南京拜见孙中山,都把刘鼎元带在身边,以便让他开阔眼界,见见世面,培养他的社会交际能力。刘青霞在晚清和民国初,捐资创办北京豫学堂、华英女校、尉氏新学堂,捐款人都是刘鼎元,甚至一些刘青霞捐资创办的学校校长的名字也是刘鼎元,如北京豫学堂名誉校长就是刘鼎元,华英女校校长也是刘鼎元。试想刘鼎元曾是华英女校的学生,又怎么能是校长?且当时刘鼎元也不过只有七八岁,这些都是刘青霞一手操办,目的之一自然是为儿子以后的发展积蓄资本。不管怎样,刘青霞为刘鼎元可谓操碎了心,即便作为亲生母亲,也不过如此。

但是随着刘鼎元一天天长大,母子之间的裂痕越来越大,最后发展到告到法庭,宣布解除母子关系的地步。这期间究竟发生了什么,刘鼎元非要断绝与养育了他20年的母亲刘青霞的关系?

家庭里的事情,很多是难以说清楚的,"清官难断家务事"说的就是这种情况。

1921年,已经成家和刘青霞生活了20年的儿子刘鼎元到法院递交一纸诉状,声明自己不是刘青霞的亲生儿子,只是养子,并要求脱离母子关系。

刘鼎元的这一做法,无疑给刘青霞当头一棒,从出生就开始与自己在一起生活并被自己视为掌上明珠的儿子却干出了这样的事,要与自己脱离母子关系,这是对刘青霞最大的打击。受传统思想影响至深的刘青霞本以为养儿可以防老,想不到最终落得这样的下场,感情的打击远比其他打击厉害。刘青霞想不明白,怎么会这样?

面对儿子的绝情,刘青霞没有被击倒,在经过一番痛苦折磨后,她还是选择与儿子和平分手。

1921年5月《新中州报》对此事进行了报道:

> 已故刘耀德之妻刘马青霞与义子刘鼎元纠葛一案,现经中人龙君等调处,离异分居,各自度日。由该氏酌给洧川县南席

镇田地五顷，又开封双龙巷住房一所，现洋一千元。同中立据，签押分执，不得再生枝节。日昨双方均已呈请省署备之。

从这份报道中我们可以看出，刘青霞与刘鼎元的纠葛在他人的调和下，已解除母子关系。按理说刘鼎元既然不承认刘青霞为母亲，刘青霞的家产也可以一分不给刘鼎元，但毕竟20年的感情割舍不掉，再加上又是刘耀德亲外甥，刘青霞还是给刘鼎元一些补偿，将洧川县（今长葛南席镇）5顷土地、开封一处住房、现大洋1000元作为补偿给了刘鼎元，从此母子情分了却。

刘青霞和刘鼎元为什么会闹到这一地步，非要脱离母子关系呢？由于这是私密，很多当事人不说，其他人也不甚清楚，我们只能从当时的有关情况以及当事人的回忆中发现端倪，猜测原委。

刘鼎元生父雷培株的长孙雷天声回忆说："刘青霞母子和婆媳矛盾，我祖母不和她说话。"[1] 言外之意，刘青霞和刘鼎元有矛盾，刘青霞和刘鼎元的妻子也有矛盾，导致刘鼎元的生母也就是刘耀德的姐姐和刘青霞不说话，关系很僵。

刘鼎元自己说：此时，刘家族人抢财产、分财产之争更甚，我受人挑拨，到法院声明是义子，并脱离关系。[2] 刘鼎元的说法就是说当时刘家人争财产，自己受到他人的挑拨，才到法院声明脱离关系。

这是我们目前见到的导致母子关系紧张并最后分道扬镳的最有说服力的证据，也是当事人的口述资料。到底什么才是最重要的原因呢？

先看第一种情况，婆媳关系紧张、姐姐和弟媳不说话。

1920年前后，已经长大成人的刘鼎元到了谈婚论嫁的年龄。刘家财力之雄厚、刘青霞名望之大，应该说给刘鼎元提亲的不在少数。最后，刘青霞为刘鼎元选择安阳常秀山之女为媳。常秀山不是等闲之辈，在当

---

[1] 张绛：《论刘青霞》，《尉氏文史资料》（二），1987年，内刊。
[2] 《辛亥革命时期的刘青霞》，《河南文史资料》第6辑，1981年。

时曾是冯玉祥的幕僚，因此常家也算是大户人家了，和尉氏刘家也算门当户对。

刘鼎元结婚以后，家庭却出现了很大的矛盾，主要是婆媳矛盾导致家庭的不安宁。刘鼎元的妻子是大户人家的女儿，有点小姐脾气是可以理解的，婆媳之间的矛盾是刘鼎元的妻子不能容忍刘家的封建礼教。这样的说辞是刘鼎元的亲属口述，并不能成为导致刘鼎元为了老婆而与养育了自己20年的母亲决裂的主要原因。在20世纪20年代，虽说自由、平等的新风在一些大城市较为普遍，但在河南开封、安阳，包括尉氏，新式女性追求自由、平等的风气还不是很浓，女性封建意识还很浓，结婚的女性公开和婆婆闹决裂的还很少见，这是不孝的举动，依然受到人们的鄙视。再说刘青霞早就经过革命的洗礼，追求自由和男女平等是她一直坚持的，她断不会要求儿媳妇遵守封建礼教来确保自己在家庭的地位。

在刘鼎元和刘青霞矛盾之中，有一点非常让人不理解，就是作为亲家的安阳常家和刘鼎元的亲生父母开封雷家，也站到了刘鼎元一边，一起反对刘青霞。按道理说，刘鼎元是刘耀德、刘青霞财产的唯一继承人，在刘氏家族诋毁刘青霞的时候，他们应该站在刘青霞一边，维护刘青霞的利益也就是维护刘鼎元的利益，他们没有理由反对刘青霞。再说，如果刘鼎元不是刘青霞儿子的秘密泄露出来，刘鼎元也就不可能继承刘青霞的财产，刘青霞的财产只能落在刘氏家族身上，这个账他们不会不算。掩盖还来不及，又何至于要公开？

刘青霞母子关系恶化，最有力的说辞就是受到刘氏族人的挑拨。刘青霞在刘耀德死后，被刘氏族人欺负的事情太多了，诬陷、诽谤、造谣、谩骂多了，这也不是什么秘密。刘青霞在1912年的《告四万万男女同胞书》中已经说得很明白，这些年围绕着刘青霞的财产，刘氏族人和刘青霞的官司也是一个接着一个，这些刘鼎元都清楚，现在说受到刘氏族人的挑拨，无论如何说不过去。

唯一的一种可能就是刘鼎元以及在他周围的那些亲人心已死，即对刘青霞的心已死。刘青霞拥有百万家产，但她乐于捐助，捐教育，捐报刊，捐工厂，捐助穷人，许多慈善事业都有她的身影，她是河南首富的遗孀，也是河南慈善界的领袖。最难能可贵的是在民国初曾打算将自己名下的田产、房屋捐给国家。这些财产是刘青霞名下的，她有权处置，但作为刘青霞财产唯一的继承人，未必能理解，加之刘青霞支持革命党，这些都有可能成为刘鼎元及其妻子、安阳常家、开封雷家担心的，他们担心有朝一日刘青霞还会把财产捐出去，自己什么也得不到。

刘青霞是一个刚烈的人，也是一个女中强人，在家庭中更是一个强势者，刘鼎元不可能左右刘青霞的所作所为，刘青霞想干什么也不会和他商量，久而久之，刘鼎元心中的不满越积越深。当结婚以后，身边的参谋更多了，在权衡利弊以后，他终于做出与母亲断绝关系的声明。

刘鼎元到法院声明和刘青霞断绝关系，其实是向世人挑明，他们不是母子关系，只是养母养子关系，血缘上没有关系。想一想就当时刘青霞的社会地位，岂不是名声扫地，尴尬万分。我们从刘青霞分给刘鼎元的财产也可以看出，只有5顷土地、一处房产和现大洋1000元，这和刘青霞的百万家产比起来太不相配。也由此可见刘青霞的伤心和痛苦。

刘鼎元离她而去，这应该是对刘青霞最大的打击。

二、继子风波

刘鼎元和刘青霞脱离了母子关系，刘青霞的心在流血。

然而对于刘氏家族来说则是最高兴的事。为了争夺、瓜分刘青霞的财产，他们用尽了一切手段都没有击倒她，想不到在她感情上的看似温柔的一刀，却几乎要了刘青霞的命，他们的目的达到了，至少刘青霞的财产没有人再能继承，刘青霞的财产所有权归到了刘氏家族门下，剩下的只是如何瓜分，如何强占了。

在那个时代，一个家庭如果没有儿子，也就成了绝户，为了让家族香火延续下去，不得不在家族中挑选下一辈作为继子延续这一支脉。在刘氏家族中，刘耀德一辈的堂兄弟多达28个，子侄辈就更多，要挑选一个继承刘耀德香火，过继给刘青霞做继子，大有人在，他们都是奔着她的财产而去。

在选择继子上，刘青霞没有发言权，只能听凭刘氏家族的指派。

刘氏家族给刘青霞安排的第一个继子叫刘坤元，刘青霞在经历刘鼎元宣布脱离母子关系后，心灰意冷，明知道这是刘氏家族为了霸占自己的财产，却又无可奈何。民国时期，虽然帝制被推翻了，但封建家族的势力一点儿也没有减弱，并没有随着封建帝制的垮台而进入历史垃圾堆里，封建家族的势力依然很强势。刘青霞在被迫接受刘坤元这个继子后，为了避免和刘氏家族的正面冲突，刘青霞大部分时间在开封等地经营自己的产业，尉氏的房产、土地以及其他产业交给刘坤元打理。

事实不出刘青霞所料，刘坤元作为继子并不想为刘青霞的产业操心，他之所以愿意过继给刘青霞，还是看中了刘青霞在尉氏的财产。刘青霞不常在尉氏，他就是尉氏刘青霞财产的监护者。趁她不在尉氏之际，他就不时地将刘青霞家里的金银细软等贵重物品偷偷拿出来。后来刘青霞回到尉氏，发现家里许多贵重物品不见了，她很生气，坚决不要刘坤元再做她的继子。刘青霞不要，刘氏家族不同意，官司一度打到县政府，闹得满城风雨，刘青霞为此精疲力竭，伤透了心。

刘氏家族为了继续霸占刘青霞的财产，在解除刘坤元继子的合约后，又给她安排其他的子侄辈作为继子。情况依然如此，只要刘青霞不在尉氏，她的东西总是莫名其妙地不见踪影，自己收藏的书籍、字画、瓷器等隔三差五被继子偷走，让刘青霞很是伤心。在此后的一年多，围绕着继子问题，刘青霞和刘氏家族争讼不断，换一个继子，家里的东西丢失一批，在连续换了几个继子后，刘青霞家里值钱的东西基本被搬光了，最后连粗笨的家具也被人弄走了。刘青霞辛辛苦苦经营的财产，除了房产、土地等，差不多被刘氏家族的人霸占完了。

刘青霞面对刘氏家族的苦苦紧逼，不甘心受制于人，自己辛辛苦苦经营的产业，就这样落入他人的腰包，她不甘心！于是，她再次萌生将所有财产捐给政府的想法。

1922年，冯玉祥出任河南督军。

冯玉祥一到开封，首先就拜访了刘青霞。他知道刘青霞一直热衷于教育，也是民国初期著名的教育家，所以他恳请刘青霞出来做河南省教育厅厅长。但此时，刘青霞正和刘氏族人闹得不可开交，在刘鼎元背弃她以后，刘氏家族给她指派了一个又一个继子，刘青霞为此正与刘氏族人打官司。在冯玉祥了解到刘青霞和刘氏家族的纷争后，冯玉祥和刘青霞进行了一次长谈。冯玉祥对刘青霞说：我非常同情你的遭遇，与其和刘氏家族这样纷争下去，你还不如将所有的财产献给政府。只要你同意，你说怎样使用这笔钱我就怎样使用，反正这笔钱用到正事上，总比让他们挥霍得要好。

刘青霞经过一番思考后，同意了冯玉祥的建议，但有一个条件就是这笔钱要用在河南的教育上或者为百姓谋福祉的事情上，不能用做其他。冯玉祥本来就敬佩刘青霞的为人，不仅为她的革命精神所感动，而且更为她的热心公益的壮举所感动，欣然同意。

冯玉祥为了避免刘氏家族的人以后找刘青霞的麻烦，他给刘青霞献了一计，不让刘青霞主动捐献，而是通过政府将刘青霞的财产收为公有。这样既完成了刘青霞的心愿，也断绝了刘氏家族找刘青霞麻烦的念想。刘青霞同意了冯玉祥的建议，同意将自己名下的所有财产充公。这样，刘青霞将价值300多万元的财产和120多万元现大洋捐献给了冯玉祥主导的地方政府，只留给刘氏族人1万多元现大洋。

冯玉祥没有食言，将刘青霞的大部分财产用于河南的教育事业和开封城的建设上。

刘青霞终于实现了她的夙愿，将全部家产交给了国家。至此，她一身轻松，无牵无挂，似乎完成了自己最后的使命。

三、生命陨落

儿子背弃自己而去，数百万的家产捐献给了国家，刘青霞再也没有负担，再也不用提防刘氏族人的各种卑劣的手段。看着几百万的家产就这样被刘青霞捐了出去，可以想见刘氏族人是何等的恼怒。

尉氏，这个本是她生命归宿的地方，已经没有什么可以值得自己留恋；刘氏家族，本应是她享受家族亲情的后花园，此刻不见春花只见无情。她对这个地方伤透了心，梦回自己儿时温馨的故乡——安阳西蒋村。

1923年春天，刘青霞只带了少许的衣物和日常用品，从开封坐车北上，回到她魂牵梦萦的生她养她的地方——西蒋村马氏庄园。

车一路北上，坐在车内的刘青霞却万分伤感。29年前，自己还是一个17岁的姑娘时，从这里开始了自己的不寻常路。她回想着，自己出嫁时，是何等的风光，想不到29年后再回到西蒋村，昔日的少女已变成历经沧桑的年近五旬的中年女子，脸上布满了皱纹，头发也花白了不少。

29年前，刘青霞是带着美好的憧憬离开马氏庄园的；29年后，却是带着无限的凄凉和伤感回到马氏庄园。

这29年，她经历了太多太多。

只享受了7年的婚后幸福生活，丈夫就离她而去，留下她和年迈多病的婆婆相依为命。

为了守住丈夫的巨额财富，她移花接木领养外甥为子，明知是养子，对外却声称是丈夫的遗腹子，善意的谎言是为了打消刘氏家族觊觎她的家产的念头。

她看不惯没落大地主——刘氏家族的堕落生活，为了彰显自身的价值，她走上了慈善之路，修祠堂、办义学、盖孤老院、救济孤老者、赈济穷人。

为了中原大地的乡亲，为了贫穷落后的国家，她慷慨拿出巨额资金兴办新学，培养人才，从此走上教育兴国的道路，并为此奉献良多。

为了探索振兴国家的良策，她携带幼子东渡日本，考察东洋实业和教育，为未来中国寻找出路。在日本，她眼界大开，思想豁然开朗，参加同盟会，资助革命报刊，走上革命救国的道路。

为了实现自己的理想，回国以后，投身革命运动。除了兴办新式学校，她还暗助革命，投身辛亥革命，做了一个革命者应该做的一切。

民国成立，她投身各种政治活动，积极争取女子参政等权利；为了国家复兴，她毅然愿意捐出所有家产。

在革命低潮时期，她受到家族排挤，身陷囹圄，差点生命不保。在如此恶劣环境下，她依然不畏强权，心系革命。

面对家族恶势力的诽谤、造谣，她不像许多女性一样选择忍让，而是奋起反抗，一篇《告四万万男女同胞书》揭露以刘氏家族为代表的封建没落势力的丑恶嘴脸，并与之展开了不屈不挠的斗争。

在军阀混战时期，她投身教育，在荆棘丛林中坚持理想。

在生活的最后时光，面对儿子的背叛、刘氏家族的无理纠缠，身心疲惫到了极限的她，完成了她一生最耀眼的善举——将家产全部捐给国家，兴办教育，为父老乡亲谋福祉。

这就是刘青霞的一生。有太多的曲折，但终究大愿已了，她可以放下一切，不带走一丝遗憾。

想想自己的一生，刘青霞眼睛湿润了。

尉氏刘家对她的刻薄让她伤透了心，但故乡西蒋村马家却对她敞开怀抱。当马家知道她要回来时，早早就开始打扫房屋，把她当年住的绣楼打扫得干干净净，只等她回来。

刘青霞回来了，当她踏入马氏庄园的那一刻，一切都显得那样熟悉。她彻底放松了，整天在马氏庄园散步，享受少许的快乐。

也许这些年在外奔波，刘青霞精力过度透支；也许这些年，各种各样的情感折磨，已让她身心疲惫。回到西蒋村没有多久，她就病倒了，谁知这一病就再也没医好。

1923年春天，刘青霞走完了她人生的路程，长逝于马氏庄园，享年46岁。

刘青霞去世了，但是围绕着她的各种流言还是不断，首先是她的死因。

刘青霞去世不久，有一种说法很快就在社会上流传开来，说她是被娘家人害死的，传播这种谣言的人当然是刘氏家族的某些人。刘青霞在去世之前，将400多万元的财产交给了冯玉祥主政的河南省政府，并希望冯玉祥将这笔款项用在河南的教育事业和其他为民谋福祉的事情上，这让那些图谋刘青霞财产的某些刘氏族人怀恨在心，所以就编排这样的恶毒谣言来污蔑她，污蔑马家人。

刘青霞当然是病死的，绝对不可能是娘家人害死的。刘青霞在马家七个孩子中，她是老么，从小就受到兄长、姐姐们的疼爱，他们疼爱她还来不及，又有什么理由害死她。在刘青霞回娘家时，大哥马吉森已经去世，二哥马吉樟远在北京，三哥马吉梅、四哥马吉枢都在安阳当地办实业、行医。刘青霞和四个兄长关系密切，大哥马吉森在世时，她曾资助银两帮助大哥从洋人手中夺回六河沟煤矿开发权；二哥马吉樟更是她的人生领路人，两人关系非常好，演绎了中国近代史上许多重大事件的合作样板：北京豫学堂成立，马吉樟是倡导者和管理者，因为缺钱，刘青霞一下子就捐出3万两白银；马吉樟到日本考察学务，他就带上刘青霞一起出洋，对刘青霞参加同盟会、进行革命活动表示支持和同情；辛亥革命期间，刘青霞安排革命党人到武昌，也是马吉樟在暗中帮助；民国后，袁世凯背叛革命，刘青霞被族人诬告，还是马吉樟多方营救，可以说没有马吉樟就不可能有刘青霞的革命壮举。再说刘青霞即便后来将家财捐给国家，也是捐的刘家财产，和马家没有关系，马家无论如何也不会加害她。

他们唯一能做的就是在刘青霞回到马氏庄园后，细心地照顾她，毕竟她是马家的女儿，她的身上流着马家的血。

当代著名作家格致在《女人没有故乡——写在萧红先生诞辰百年》一文中说：

> 女人是没有故乡的。其实故乡也不承认女人。我们家的祖坟里，是没有我的位置的。我们家的家谱上，也不会有我的名字。我们家的财产没有我的份额。我回家，我是且，是客人。客人是必须得走的。这里不是你的家。仅仅是出生地，然后你要离开。故乡在你离开后，就完全地把你除名了。[①]

这就是中国的传统，嫁出去的姑娘泼出去的水，也就是说女人出嫁了，娘家就是客栈，她就是客。她的归宿在她的婆家，出嫁的女儿，婆家才是她的家。

刘青霞死在了娘家，马家祖坟肯定没有她的位置，也不允许有她的位置，她的位置在尉氏刘家祖坟。

刘青霞去世了，马家必须告诉刘家，尽管刘家对刘青霞还是一肚子的怨恨，但面子还是要给的。刘青霞没有儿子，刘家就派两个侄子前往

---

① 格致：《女人没有故乡——写在萧红先生诞辰百年》，《文艺争鸣》2011年第5期。

西蒋村，迎回刘青霞的灵柩。

刘青霞去世前，因为继子的问题已经和刘家闹翻，所以在刘青霞去世时，刘家没有再强迫刘青霞接受家族指派的继承人。当刘青霞的灵柩运回尉氏时，刘家人以刘青霞没有继承人为由，不允许刘青霞的灵柩入葬刘氏祖坟。无奈，刘青霞和丈夫刘耀德的棺木只能暂时存放在附近寺庙中。①

刘家如此对待刘青霞，作为二兄的马吉樟既气愤又无奈，在他给刘青霞写的挽联中，就流露出万般无奈的心情。

蛉螺续宗祧，箕冶无传，悲往事。

蜩唐奭中国，槁椹同穴，卜何年。②

抱养别人的儿子来继承香火，到头来还是没有人传继，往事可悲；动乱年代冤谤四起，暴露的棺木何时才能同穴，让人心焦。

刘青霞死后，虽然在刘氏族人的阻挠下，未能入葬刘氏祖坟，但又过了几年，形势发生了变化，刘青霞与刘耀德的棺木终于入土为安。

---

① 在过去，很多地方有此习俗，父母健在，儿子先死，不能入祖坟，需等父母死后带入祖坟，其灵柩暂存他处。刘耀德死时，其母尚在，故未入祖坟。

② 转引李玉洁《辛亥女革命家——刘马青霞评传》，科学出版社，2012年，第213页。

刘青霞的一生，大部分时间都在河南度过，作为一个革命者、教育家、实业家、慈善家，她的足迹几乎遍及大半个中国，甚至远涉日本。在她的一生中，能彪炳史册、让后人缅怀的功业，至今依稀能觅得一些印痕。凭吊这些地方，更让我们对这位"天下为公"的女中豪杰、女杰乡贤无比敬佩和怀念。

一、马氏庄园

位于河南安阳西20公里的西蒋村，是刘青霞出生的地方，也是她读书学习、成长的地方。在此生活了17年，马氏家风对她产生了极大的影响。46岁又回到这里，并溘然长逝，完成了她令人景仰的一生。今天的马氏庄园依然有她生活过的绣楼、读书的学堂。

二、尉氏县

尉氏是刘青霞婚后的主要活动地点，也是她的家。今天的尉氏县城保存有她居住的宅院，以及在尉氏所做的慈善、教育、实业旧址。

尉氏刘青霞故居　原为刘氏庄园的一部分，位于尉氏县城正中央，跨东西两条大街，最有名的是师古堂，是刘青霞花费8万两银子修建的。尉氏刘青霞故居分为东西两个部分，坐落在西大街的两侧。东院是师古堂，共有房子36间，水磨砖出厦天井院，檐下是透雕花砖，青瓦高叠脊出兽，室内有楼梯可登上层。据史料记载，昔日院内怪石并奇花很多，牡丹、桂花、丁香、蜡梅四时芳香。现在院内还有刘青霞亲自栽植的蜡梅一株。师古堂是当年刘青霞常住的地方，也因此被完整保留下来。现在成为尉氏宾馆。西院目前还存有88间房子，建筑风格和东院一样，都是清末典型的北方民居四合院建筑，但破旧不堪。

刘氏祠堂　刘青霞捐银4万两修建刘氏祠堂，现位于尉氏县大桥乡乡政府大院内。

华英女校　1908年刘青霞所建，办了4年，花费1万多两白银，全部由刘青霞出资。现为尉氏实验小学。

刘家盐店　刘家店铺之一，现为尉氏县教育局教研室所在地。

桑树园　刘青霞创办的养殖基地，现为尉氏北仓粮库所在地。

青石桥　位于尉氏庄头乡歇马营村东北贾鲁河上。刘青霞捐银9000两、花费3年时间建成。桥已毁。

尉氏县立第一完全小学校　1905年刘青霞捐银3000两将蓬池书院改为新学堂，成立县立第一完全小学校，现尉氏县第一中学由此发展而来。

刘氏代用完全小学校　原刘青霞捐资15顷土地筹建的刘氏义学，民国后改为刘氏代用完全小学校，现为尉氏大桥乡政府所在地。

乙种蚕桑学校　1910年刘青霞捐资创办，地址在原蓬池书院。

三、开封

刘青霞故居　位于开封市顺河回族区北土街刘家胡同，刘家宅院建于清光绪六年。刘家宅院是典型的封闭式四合院，坐北朝南，东、西宅院布局及建筑形式完全一致，各由前、中、后三进院落组成，占地面积

刘青霞故居纪念馆

900余平方米，东院、西院共有清末民初建筑风格的房间70余间。这是刘青霞往来开封居住的地方。现为刘青霞故居纪念馆。

桐茂典　刘青霞经营的当铺，现开封玉祥大酒店即其旧址。

公茂典　刘氏家族共有的当铺，旧址今开封河道街人民医院。

小铺三四处　刘青霞经营的几处店铺，旧址今开封当铺胡同路东、路西两个院落，为刘耀德的重要财产之一。

中州公学　1906年创办于开封原明道书院旧址，今开封南关繁塔寺。刘青霞先后于1907年、1909年共捐银2000两。

中州女学堂　1908年创办于开封，旧址即开封师专。刘青霞前后捐款3000两白银。

大河书社　清末同盟会在开封筹设，刘青霞捐款数千元。

四、北京

北京豫学堂　1906年在京豫省官员捐资成立的新式学堂，刘青霞个人捐款3万两。旧址即今北京上斜街36号一带，尚有豫学堂的岳武穆祠。

五、南京

南京住所　在南京马台街，曾是刘青霞联络革命同志的地方。

刘青霞在各地的活动，很多已经没有留下任何印记，我们只能在史书上、在有关文献中才能了解她的不凡事迹。好在还有很多建筑留了下来，像安阳马氏庄园、开封刘青霞故居、尉氏刘青霞故居还较好地保存下来，这也成为我们缅怀这位女中乡贤的最好地方。

在很多人的印象中，人们之所以缅怀刘青霞，是因为她是辛亥革命志士，是孙中山亲自题写的"巾帼英雄"，但作为河南人，刘青霞是近代河南史上值得大书特书的乡贤，她的善举，她对河南教育事业的热情，永远值得我们缅怀。

附录：刘青霞大事记

光绪三年（1877年）

出生于河南安阳西蒋村马氏庄园，父马丕瑶，母呼延氏。

光绪四年至二十年（1878—1894年）

2—17岁。在马氏庄园读书、学习、成长。

光绪二十年（1894年）

17岁。春，嫁入尉氏豪门刘家，夫刘耀德。

光绪二十七年（1901年）

24岁。夫刘耀德病死，年轻寡居，与婆母相依为命。

光绪二十八年（1902年）

25岁。诈称有遗腹子到开封待产，数月后抱养刘耀德姐姐双胞胎儿子之一为继子，取名刘鼎元。

为平息尉氏刘氏族人的疑惑，刘青霞捐银4万两重修刘氏祠堂；捐地15顷创办刘氏义学，资助刘氏子弟免费读书；捐地130亩建刘氏义庄，资助60岁以上刘氏族人每人每月75斤小麦。

光绪二十九年（1903年）

26岁。捐银9000两，在开封、许昌官道上的贾鲁河修青石桥一座，方便往来客商。在桥两端各书"万善同归""无名氏修"碑文。

光绪三十年（1904年）

27岁。为避免与刘氏族人纷争，刘青霞花费8万两银子在尉氏县城另建宅院，即师古堂。着手经营刘耀德留下的产业，往来尉氏、开封，显示出经营才能。

光绪三十一年（1905年）

28岁。时值废科举、兴新学，在京豫籍官员捐资创办北京豫学堂时，刘青霞捐银3万两。

在尉氏，刘青霞捐地400亩，现银3000两，合计1万多两白银，将蓬池书院改建为新学堂，即县立第一完全小学校。

光绪三十二年（1906年）

29岁。因慈善、办学之义举，光绪帝诰封"一品诰命夫人"。

刘青霞侄孙、留日学生刘恒泰回国探亲，与同学潘祖培、罗文华拜访刘青霞，向她讲述国内外形势。

光绪三十三年（1907年）

30岁。年初携带儿子刘鼎元随二兄马吉樟东渡日本游学。初到日本，受到留学生欢迎。在考察日本教育、实业的同时，结识孙中山、黄兴、唐群英、宋教仁等革命党人，与豫籍留学生张钟端等过往甚密。在革命党人影响下，加入同盟会。

捐资2万元大洋帮助同盟会机关刊物《河南》杂志；捐资6000元大洋创办《中国新女界杂志》。

为配合《河南》杂志、《中国新女界杂志》在国内发行，同盟会在开封设立大河书社，刘青霞捐大洋数千元。

中州公学成立后，经费奇缺，刘青霞来函捐银1000两。

光绪三十四年（1908年）

31岁。年初，刘青霞归国。在尉氏刘氏庄园创办河南第一所私立女校——华英女校。4年耗费1万多两银子。

中州女学堂成立后，刘青霞捐银三千两助学。

宣统帝颁旨许其挂"乐善好施"匾。

宣统元年（1909年）

32岁。捐地30亩，筹建乙种蚕桑学校，广植桑树，培养蚕业人才。

捐银1000两助中州公学。

《河南》杂志被迫停刊，张钟端被停止公费资助，刘青霞助其完成学业。

生母呼延氏病故。

助兄马吉森 100 万两白银,竞标夺得六河沟煤矿开采权。

宣统二年（1910 年）

33 岁。为配合革命活动,在南京购置房产,并在此居住,从事革命活动。

宣统三年（1911 年）

34 岁。张钟端回国参加起义,刘青霞介绍他到武昌任二兄马吉樟幕僚,以此为掩护,从事革命活动。

华英女校停办。

12 月 5 日,河南辛亥革命起义在开封爆发,刘青霞捐银 3000 两做起义经费。

河南辛亥革命起义失败,刘青霞设法掩护被捕革命党人。

民国元年（1912 年）

35 岁。3 月,"神州女子共和协济社"成立,刘青霞和孙中山夫人等被选为名誉社长,积极参加女子参政活动。

6 月,被选为河南国民捐总理,并从安阳乘车到开封,开展国民捐活动。担任国民捐总理 20 多天,便宣布辞职。

9 月,刘青霞与唐群英创办《女子白话旬报》,后改称《女子白话报》。

10 月,"北京女子参政同盟会"成立,刘青霞被选为会长。

同时担任北京女子法政学校校长、北京女子学务维持会会长。

11 月,刘青霞到南京面见孙中山,愿捐出家产支持孙中山的铁路建设。孙中山为其大义所感动,题写"巾帼英雄"匾额以赠。

11 月 19 日,刘青霞在《自由报》发表《豫人刘马青霞披露》（即《告四万万男女同胞书》）。

民国2年（1913年）

36岁。南方爆发"二次革命"。刘氏族人诬陷刘青霞暗通革命党人，经马吉樟多方协调，方免除牢狱之灾。

民国6年（1917年）

40岁。2月，在尉氏创办平民工艺厂，投资3万元大洋。

3月，刘氏族人刘宪德诉刘青霞一案宣判，刘青霞获胜，挫败刘氏族人霸占她的财产的阴谋。

4月，捐5万元大洋创办平民工厂。

民国7年（1918年）

41岁。9月26日，鲁迅为她题写"才貌双全"条幅。

民国10年（1921年）

44岁。5月，刘鼎元到法院声明解除自己与刘青霞的母子关系。

民国11年（1922年）

45岁。7月，捐大洋2000元给开封难民。

冯玉祥任河南督军，征得刘青霞同意，将400余万元的家财全部充公。

民国12年（1923年）

46岁。春，刘青霞回到安阳马氏庄园，病逝，享年46岁。

参考文献

[1]李玉洁.辛亥女革命家刘马青霞评传[M].北京:科学出版社,2012.

[2]袁恺泽.清末河南留日学生与《中国新女界杂志》[D].郑州:郑州大学,2013.

[3]张大伟.马丕瑶府第研究[D].开封:河南大学,2007.

[4]王维真.刘青霞慨捐救国事实及原因探析[J].河南大学学报,2003(1).

[5]徐小涛.刘马青霞慈善活动述略[J].开封大学学报,2015(1).

[6]杨贵生.马青霞[M].郑州:河南人民出版社,2011.

[7]张华腾."巾帼英雄"马青霞[J].殷都学刊,1988(2).

[8]常全喜.巾帼英杰刘青霞[J].历史教学,2007(12).

[9]于中华.刘青霞传[M].郑州:中州古籍出版社,2011.